오늘처럼 하느님이 필요한 날은 없었다

프란치스코 교황님과 나눈 진솔한 대화

프란치스코 교황 지음
진슬기 옮겨 엮음

가톨릭출판사

All the videos of Pope Francesco © Libreria Editrice Vaticana

오늘처럼 하느님이 필요한 날은 없었다

2018년 9월 20일 교회 인가
2019년 4월 21일 초판 1쇄 펴냄
2024년 2월 23일 초판 8쇄 펴냄

지은이 · 프란치스코 교황
옮겨 엮은 이 · 진슬기
펴낸이 · 정순택
펴낸곳 · 가톨릭출판사
편집 겸 인쇄인 · 김대영
표지 디자인 · 류아름

본사 · 서울특별시 중구 중림로 27
등록 · 1958. 1. 16. 제2-314호
전자우편 · edit@catholicbook.kr
전화 · 1544-1886(대표 번호)
지로번호 · 3000997

ISBN 978-89-321-1599-3 03230

값 15,000원

한국어 © 진슬기, 2019
성경 © 한국천주교중앙협의회

이 책은 저작권법에 의해 보호를 받는 저작물이므로 무단 전재와 무단 복제를 금합니다.

가톨릭의 모든 도서와 성물을 '**가톨릭출판사 인터넷쇼핑몰**'에서 만나 보실 수 있습니다.
http://www.catholicbook.kr | (02) 6365-1888(구입 문의)

오늘처럼 하느님이 필요한 날은 없었다

프란치스코 교황과 나눈 진솔한 대화

프란치스코 교황 지음
진슬기 옮겨 엮음

가톨릭출판사

일러두기

- 매 편 마지막 페이지에 들어 있는 QR 코드를 스마트폰에 있는 QR 코드 식별 어플로 찍으면 프란치스코 교황의 동영상을 보실 수 있습니다.
- 이 책에 나오는 표현은 독자 여러분의 이해를 돕기 위해 편집된 것으로, QR 코드로 연결된 프란치스코 교황의 동영상 자막과 다소 차이가 있습니다.
- 옮겨 엮은 이가 프란치스코 교황의 권위적이지 않은 모습을 살리기 위해 구어적인 표현을 사용한 경우가 있습니다.

머리말

좋은 어른이 곁에 계시다는 건 참 복된 일입니다

처음부터 강요한 사람은 아무도 없었습니다. 오히려 지난 2013년 우리 곁을 찾아오신 프란치스코 교황님의 말씀과 행동에 매료되어, 제가 스스로 나서 기쁜 마음으로 그분의 말씀을 번역하고 자막을 달아 인터넷상에 올렸을 따름이었죠. 그리고 은혜롭게도 그 결실들이 모여 재작년까지 총 세 권의 책이 세상에 빛을 보게 되었습니다.

한데 부끄럽게도 이런 시간들을 거치며 제가 짐짓 부담 아닌 부담, 아니 보다 솔직히 고백하자면 주변의 평가에 신경을 쓰고 있음을 알게 되었습니다. 하여 나름 '아, 정말 꼭 많은 이가 알아봐 주었으면' 하다가 말씀에 대하여 반응이 시큰둥하면 괜스레 실망한 것도 사실입니다. 여기에 더해 "너 지금 본분은 학업 아니야? 근데 왜 이렇게 과외 활동으로 부산해!"라는, 어쩌면 지금 제게 꼭 필요한 조언이라도 듣게 될라 치면, 번역 초기의 그 기쁨은 온데간데없이 사라지고 마냥 서운하기도 했습니다.

이에 그렇게 작년 한 해 교황님의 말씀들을 모은 원고들을 그냥 묶이고 넘어갈 즈음, 교황청립 로마 한국 신학원의 원장으로 새로 부임하신 저의 신학교 시절 은사 신부님께서 하루는 이렇게 말씀하셨습니다.

"슬기야, 요새는 교황님 말씀 안 전해 주니? 지난 세 권까지 묵상 전 영적 도서로 잘 읽었는데 이제는 볼 게 없네?"

그 순간, 저는 머리를 망치로 맞은 듯 잠시 멍해졌습니다. 사실 은사 신부님께서 그 책을 읽으시리라고는 생각도 하지 못했을 뿐더러, 외려 유학까지 와서 쓸데없는 일 하는 것 아니냐는 꾸중을 들을지도 모른다고 생각해 왔기 때문입니다. 그런데 오히려 좋은 일을 하고 있다는 격려는 물론이거니와, 다음 책도 기대한다는 응원을 해 주시다니요. 이에 그동안 짐짓 사람들의 무관심과 애정 어린 조언에 괜히 꽁하게 지낸 것이 더 부끄러워졌습니다. 실상 저의 아쉬움과 꿍얼거림에는 '교황님의 좋은 말씀을 나눈다'는 핑계로 결국 저를 전하고 싶은 마음이 있었던 셈이었으니까요.

앞으로는 그랬으면 좋겠습니다. 솔직한 내 진심이라는 이유로 내 생각, 내 맘을 전하는 데에만 몰두하는 것이 아니라, 그래서 내 뜻과 같지 않다 하여 투덜거리기보다는, 그렇게도 전하고 싶은 내 진심을 왜 상대방이 받아들이지 못하는지에 대해서도 마음을 쓸 줄 아는 사람이 되기로 말입니다. 사실 그러고 보면 그렇게도 솔직한 내 진심을 전하고 싶은 상대라는 건 그만큼 소중하고 귀한 인연일진데……. 정말 소중하고 귀하다면 그렇게 하는 것이 진짜일 테니까요. 결국 이것은 내 '진심에 대한 진심' 문제인 셈입니다. 이에 나부터 진짜로 다가가야 진짜를 받을 수 있다는 이 단순한 진리를 체험하고 실천하는 마음으로 이번 책을 엮어 봅니다. 처음에 가졌던 교황님의 말씀에서 느낀 복음의 기쁨을 말 그대로 기쁜 마음으로 다시 전하기 위하여…….

그러고 보면 좋은 어른이 곁에 계신다는 것은 참 복된 일입니다. 아무리 제 깜냥으로는 완벽하다 해도 늘 부족하고 놓치는 면은 있는 법이니까요. 더욱이 비판은 냉철해야 한다는 시대 흐름에 따라 '따끔한 훈계'가 난무하는 요즘, 오히려 그것을 '따뜻한 말 한마디'로 채워 주는 분이 어쩌면 우리가 정말 바라는 어른일 테니 말입니다. 그리고 바로 이런 점에서 오늘날 교황님의 존재 역시 이런 '어른'이 아니실까 합니다. 종교와 국적을 넘어 차분차분 우리가 놓치고 있는 부분들을 바로잡아 주시는 그런 인자하고 현명한 어른 말입니다. 그것도 단순히 마냥 오냐오냐 버릇을 나쁘게 만드는 '따뜻하기만 한 말마디'가 아니라 따뜻한 말을 통해 스스로 따끔하게 깨우치게 해 주는 어른이시죠.

오늘도 교황님은 말씀하십니다. 짐짓 부끄럽고 때로는 혼자만의 고민으로 끙끙대는 우리에게, 그 언젠가 주일 학교 꼬마 친구에게 먼저 그러하셨듯 "괜찮아요, 괜찮아. 이리 오세요. 내 귀에 대고 나에게만 말해 줄래요?"라고요. 그리곤 또 다른 때에는 이렇게 말씀하셨죠. "우리는 씨를 뿌리는 사람들일 뿐, 열매를 거두는 이가 아닙니다. 열매는 그분께서 키우시고 거두시도록 하고, 우리는 우리의 씨 뿌리는 몫을 하면 됩니다. 그러니 용기를 내어 다시금 앞으로!"라고요.

우리는 이러한 교황님의 모습에서 그동안 잊고 지내던 하느님의 모습을 새삼 발견합니다. 사실 우리가 믿는 하느님이란 그저 저 멀리 높은 곳에서 이래라저래라 훈계하고 꾸지람하는 '너무 먼 당신'이 아니라, 어쩌면 내가 상처받을까 봐 외려 쉽사리 말도 못 붙이고 내 곁에서 안쓰러운 눈길로 언제나 함께해 주시는 바로 그런 분이실 테니 말입니다. 네, 따끔한 꾸지람보다는 따뜻한 말 한마디의 힘을 보여 주시는 분이 우리가 믿는 하느님, 예수 그리스도이시니까요.

   세상의 고민 속에 머리를 싸매고 때로는 울고 싶은 모든 이에게 이 책이 위로와 힘이 되길 빕니다. 적어도 제가 이미 그렇게 힘을 얻어 보았으니, 여러분도 그렇게 되리라 믿습니다. 어른이 부재한 이 시대에 위로와 현명한 조언을 해 주시는 진짜 어른, 프란치스코 교황님을 여러분에게 다시 소개해 드리며……

   오늘처럼 하느님이 필요한 날은 없었습니다.
   오. 하. 필…!!

차례

머리말 좋은 어른이 곁에 계시다는 건 참 복된 일입니다   5

제1장 눈물을 보일 수 있는 용기
우리 아빠는 천국에 계실까요?   17
'고발'하지 말고 '고백'하세요   21
'하지만'이라는 말로 도망가지 마세요   27
꼰대와 어른의 차이   30
회심이 슬픔일 수만은 없습니다   33
멈추어, 살펴보고, 돌아오라   39
아이스크림을 주시는 하느님   46

제2장 제대로 살기 위한 탈출의 시작
젊다면, 제발 입 다물고 있지 마세요   53
그대여, 이제는 좀 자유로워지세요 – 자존심의 노예   57

부디 여러분의 길을 만들어 가십시오	63
기탄없이 말하십시오! 다만 우리가	
셜록 홈즈가 아니라는 것만 기억하세요	67
일어나 비추어라	73
창밖으로 내던지십시오!	80
내가 너에게 말한다, 일어나라!	85
우리의 신앙은 '동사'입니다	91
버리고 떠나기 – 습관적이고 나태한 종교성	100
돌들이 소리 지르기 전에 목소리를 높이십시오	105

제3장 우리는 같이 잘 살 수 있습니다

우주에서 길을 묻다	115
왜 이슬람 테러라고 말하지 않느냐고요?	121
의미 있는 유일한 대답은 '자비'와 '연대'입니다	126
제게 그런 말씀을 해 주셔서 감사합니다	134
위정자를 위해 기도하지 않는 건 죄입니다	137
왜 '혐오'가 생겼을까?	141

제4장 세상의 바이러스를 이겨낼 복음의 항체가 있습니다

예수님과 우정을 키우는 세 가지 방법	147
여전히 명령이라 느낀다는 그대에게	152

복음의 증거가 없는 곳에 성령도 계시지 않습니다	158
신앙은 도피처가 아닙니다!	164
세상의 바이러스를 이겨 낼 복음의 항체	169
엄마의 마음이 필요합니다	175
당신의 눈길, 마음, 손과 발이 우리에겐 필요합니다	183

제5장 팔을 벌려 안아라

아이들이 우리를 보고 있어 – 어떻게 자녀 교육을 하냐고요?	191
"왜 혼인성사를 하지 않니?"라고 서둘러 말하지 마세요	196
제2의 생일, 아이에게는 왜 안 챙겨 주시나요	203
하느님이 아기로 오신 이유, 팔을 벌려 안아라!	210
어디로 가야 하냐고요? 바로 거기에 계십니다!	217
'자비의 상습범'이 되길 바라시는 나의 주님, 나의 하느님	225
작은 씨앗의 비유 – 늘 우리를 놀라게 하시는 하느님	234
이 세상에 원래부터 그런 것은 없습니다	238

제6장 십자 성호만 잘 그어도 성인이 됩니다

마피아의 기도, 참그리스도인의 기도	247
침묵 배우기, 어린이 되기, 놀라워하기	250
돼지조차도 고개는 숙이고 다닙니다	255
십자 성호만 잘 그어도 성인이 됩니다	261
내 아버지의 집을 장사하는 집으로 만들지 마라!	265
십자가는 단순히 장신구가 아닙니다	270
우리는 정말 사랑과 신앙의 '사투리'로 말하고 있나요?	277
평화의 밀알이 필요합니다 – 지혜와 책임감 있는 분별력으로	282
뭣이 중헌디? 좀 들으라고!	285

제7장 주님은 바로 '내'가 필요하십니다

찾아 나서시는 예수님 그리고 특별한 평범함	295
이번 성탄에도 주님은 바로 '내'가 필요하십니다	300
이런 의미에서 '좁다'라고 하는 겁니다	306
반전 매력의 하느님	312
지금 기뻐하지 않는 자, 모두 유죄!	317
성령으로 불타오르는 이가 필요합니다	322
왜 주셨을까? 어떻게 쓰고 있는데?	327

제1장

눈물을
보일 수 있는
용기

우리 아빠는
천국에 계실까요?

2018년 4월 15일
로마 교구 일선 본당 사목 방문 중 어린아이들과의 질의응답

[임마누엘] 못 하겠어요. 할 게 없어요.

교황님께 질문할 수 있는 기회를 얻은 임마누엘이라고 하는 어린아이는 무대에 오르자마자 울음을 터뜨렸어요. 그러자 교황님은 그를 손짓하며 부르셨죠.

[교황님] 괜찮아요, 괜찮아. 이리 오세요. 내 귀에 대고 나에게만 말해 줄래요?

임마누엘은 훌쩍이면서 교황님에게 다가갔습니다. 그리고 교황님에게 귓속말을 했죠. 교황님은 임마누엘에게 몇 가지를 더 물어보신 후 다음과 같이 말씀하셨습니다.

어쩌면 우리 모두는 이 친구처럼 마음속에 근심을 품고 있을지도 모릅니다. 그 근심 때문에 임마누엘과 같이 울지도 모르지요. 임마누엘은 아빠와 우리 앞에서 자신이 용감해지기를 바라며 눈물을 보였습니다. 왜냐하면 임마누엘의 마음속에는 아빠에 대한 사랑으로 가득하니까요. 전 임마누엘에게 허락을 구했습니다. 임마누엘이 저에게 한 질문을 여러분에게 이야기해도 괜찮겠느냐고요. 임마누엘은 괜찮다고 했고, 그에 대한 이야기를 나누고자 합니다.

임마누엘의 아버지는 얼마 전에 돌아가셨습니다. 아버지는 무신론자였지만, 자녀 네 명은 모두 세례를 받게 하셨답니다. 임마누엘은 아버지가 인자하고 좋은 분이셨다고 합니다. 그리고 저에게 이렇게 질문했습니다. "우리 아빠는 천국에 계실까요?"

자녀가 '우리 아빠는 좋은 분이셨다'라고 말하는 것은 정말 아름답지 않나요? 사실 자녀들이 "우리 아빠는 좋은 분이셨어요."라고 말할 수 있다는 건, 그분이 정말 좋은 분이었다는 증거니까요. 아버지의 힘을 물려받은 자녀의 증언만큼 정확한 것은 없습니다. 더불어 우리 모두 앞에서 눈물을 보일 수 있는 용기를 지녔다는 것 또한 대단한 것입니다. 자녀가 이렇게 행동한다면, 그 자녀의 부모는 정말 좋으신 분이 맞습니다! 그렇고말고요! 그분이 비록 신앙의 선물을 지니지 못했고, 신자가 아니었지만 자신의 자녀들에게는 모두 세례 받도록 하셨습니다. 그분은 정말 선한 마음을 지니셨던 분일 것입니다. 우리 친구는 아빠가 신자가 아니었기에 하늘나라에 계시지 못할까 봐 걱정하고 있습니다. 그런데 누가 하늘나라에 가는지 말씀해 주시는 분은 하느님이십니다. 이 아버지를 보시는 하느님의 마음은 어떠하셨을까요? 여러분이 보기엔 어떠신가요? 하느님의 마음은 바로 아버지의 마음인데 말입니다! 네, 하느님은 바로 아버지의 마음을 지니셨습니다. 그래서 비록 신자는 아니었지만 자녀들에게 세례를 받게 하고 신앙을 물려준 임마누엘의 아버지를 하느님은 멀리하실까요? 여러분은 어떻게 생각하시나요? 용기를 갖고 큰 소리로 말해 보세요.

하느님께서 그 자녀들을 내버려 두실 수 있을까요?

"아니요!"

하느님이 그 자녀들이 선한 마음을 지녔음에도 멀리하실까요?

"아니요!"

교황님은 질문을 한 임마누엘을 보시면서 말씀을 계속하셨습니다.

임마누엘, 이것이 바로 대답입니다. 하느님은 분명 아버지를 기특하게 여기셨을 겁니다. 사실 신자인 부모보다 신자가 아닌 부모가 자녀를 세례받게 하는 게 조금 더 어려운 일이니까요. 분명 하느님은 우리 친구의 가정을 좋아하셨을 겁니다. 우리, 그 아버지를 위해 기도합시다. 임마누엘, 고마워요. 정말 용감했어요.

❖ 사랑으로 한 생명을 낳은 아버지가 그 아들의 사랑으로 천국을 보장받는 이 모습. 결국 사랑이 생명이고 생명이 사랑임을 보여 주는 좋은 예임에 틀림없습니다.

오늘처럼 하느님이 필요한 날은 없었다

'고발'하지 말고 '고백'하세요

 2018년 1월 3일
일반 알현 교리 교육

사랑하는 형제자매 여러분, 안녕하세요.

오늘은 '시작 예식' 가운데 '참회 예절'을 중심으로 살펴보겠습니다. 이 예절을 진지하게 임할수록 우리는 거룩한 신비를 기념하기 위한 합당한 준비를 갖추게 됩니다. 하느님과 형제들 앞에서 우리의 죄를, 곧 우리가 죄인임을 인정하는 것이죠. 이에 사제는 시작 기도를 통해 회중 전체를 참회 예절로 초대합니다. 왜냐하면 우리 모두가 죄인이기 때문입니다. 주님은 이미 마음이 자신만으로 가득 찬 이에게, 그럼으로써 성공을 거둔 이에게 무엇을 주실 수 있을까요? 아무것도 없습니다. 왜냐하면 오만하고 뻔뻔한 이에게는 용서를 받아들일 능력이 없기 때문입니다. 실상 그들은 자신들만의 정의감으로 가득 차 있으니까요.

바리사이와 세리의 비유를 생각해 봅시다. 그중에서도 두 번째로 등장하는 세리를 살펴보겠습니다. 그 비유에서 세리는 의롭게 되어 집으로 돌아갔습니다. 그는 용서받았으니까요(루카 18,9-14 참고). 곧 자신의 비참함을 깨닫고 겸손함을 바라는 이는 자신에게 하느님의 자비로운 눈길이 머문다는 것을 느낄 수 있습니다. 이는 우리도 경험을 통해 알고 있습니다. 자신의 실수를 인정하고, 용서를 청할 줄 아는 사람만이 다른 사람들에게 용서와 이해를 받는다는 것을 말입니다.

그런데 침묵하는 가운데 양심의 소리를 들을 때 비로소 우리의 생각이 하느님의 생각과 거리가 멀다는 것을 깨닫게 됩니다. 우리의 말과 행동은 종종 현세적이니까요. 다시 말해 복음과는 반대되는 선택을 하는 쪽으로 인도되는 거죠. 그리고 이 때문에 미사의 시작 예식에서 우리는 1인칭 단수로 선포되는 보편적 고백 양식을 통하여 참회 예절을 공동체적으로 실행하는 것입니다. 모두가 하느님과 형제들 앞에서 이렇게 고백하는 거죠. "생각과 말과 행위로 죄를 많이 지었으며 자주 의무를 소홀히 하였나이다."라고 말입니다.

자, 그런데 의무를 소홀히 한 죄인 '태만'도 이에 해당됩니다. 다시 말해, 선행을 할 수 있었는데 하지 않은 것도 죄입니다. 그런데 종종 우리는 이렇게 말하며 스스로 괜찮다고 여깁니다. "나는 그 누구에게도 나쁜 짓은 하지 않았어." 하지만 실제로는 이웃에게 나쁜 짓을 하지 않았다는 것만으로는 충분치 않습니다. 우리는 예수님의 제자로서 좋은 증거를 드러낼 수 있는 기회를 받아들여 선을 행해야 합니다.

하느님과 형제들에게 우리가 죄인임을 고백하자고 강조하는 것은 올바른 일입니다. 이것은 죄의 다층적 차원을 이해하는 데 도움이 되니까요. 죄는 우리를 하느님과 갈라서게 하는 동시에 형제들과 갈라서게 하며 하느님과 형제들이 멀어지게 합니다. 죄는 뭐든지 갈라서게 만듭니다. 하느님과의 관계와 형제들과의 관계 모두 끊어 버리죠. 가족과 공동체 그리고 사회의 관계들을 다 쪼개어 버립니다. 그렇습니다, 죄는 늘 갈라서게 하고, 끊어 버리며, 쪼개어 버립니다.

참회 예절을 할 때 우리는 입으로 잘못을 말하면서 스스로 가슴을 치는 행위도 함께합니다. 이것은 남이 아닌 '내 탓'

으로 죄를 지었다는 인정입니다. 하지만 현실적으로는 두려움이나 수치심 때문에 손가락질을 하며 남 탓을 하는 경우가 많습니다. 죄인임을 받아들이는 것은 어려운 일입니다. 하지만 솔직하게 그것을 고백하는 것만큼 좋은 것도 없습니다. 그러므로 참으로 자신의 죄를 고백해야 합니다.

나이가 지긋하신 어느 선교사님께서 해 주신 일화 하나가 기억나는데요. 하루는 한 자매가 고해성사를 하러 왔습니다. 그런데 고해성사에서 남편의 잘못을 말하기 시작하더랍니다. 그리고 그다음에는 시어머니의 잘못을, 또 그다음에는 이웃들의 죄를 말하는 겁니다. 여인의 말을 듣던 고해 사제가 그녀에게 말했습니다. "자매님, 이제 다 끝나셨나요?" 그러자 그 자매가 "네, 다 이야기했습니다."라고 대답했죠. 그러자 고해 사제는 이렇게 말했습니다. "좋습니다, 자매님. 자매님은 다른 사람의 죄에 대해서는 다 이야기했으니, 이제는 자매님 본인의 죄에 대해서 말씀을 해 주시죠!" 네, 제발 본인의 죄를 말하세요!

성경은 우리에게 회심한 이들의 빛나는 예들을 전해 줍니다. 그들은 죄를 지은 뒤 자신의 내면을 살펴보며 가면을 벗어 버리고 새롭게 거듭날 은총에 마음을 열 용기를 찾았습니다. 다윗 임금을 생각해 봅시다. 자신에 대해 그는 이렇게 노래했습니다. "하느님, 당신 자애에 따라 저를 불쌍히 여기소서. 당신의 크신 자비에 따라 저의 죄악을 지워 주소서."(시편 51,3) 더불어 아버지에게 되돌아온 탕자의 기도나 세리의 기도를 봅시다. "오, 하느님! 이 죄인을 불쌍히 여겨 주십시오." (루카 18,13) 아울러 베드로 사도와 자캐오 그리고 사마리아 여인도 한번 생각해 봅시다. 우리를 이루고 있는 진흙의 연약함을 헤아리는 일은 우리를 강화시키는 체험이 될 것입니다. 왜냐하면 우리가 자신의 약점들을 인정할 때 비로소 우리를 변화시키고 회심시키시는 하느님의 자비를 간청하도록 우리의 마음을 열게 되기 때문입니다. 그리고 이것이 미사를 시작하며 우리가 참회 예절을 통해 하는 일입니다.

'고발'하지 말고 '고백'하세요

'하지만'이라는 말로 도망가지 마세요

2018년 8월 11일
세계 주교 대의원 회의 준비 청년들과의 만남

선택하고 자기 결정권을 가진다는 것은 자유의 가장 높은 차원으로 여겨집니다. 선택하고 스스로 결정 내릴 수 있음 말입니다. 어떤 의미에서는 분명 그렇습니다. 그런데 오늘날 우리가 흔히 생각하는 '선택'의 개념에는 자유에 따른 책임이 빠져 있죠. 네, 여러분은 이것에 주목하시기 바랍니다. 오늘날 '자유' 개념은 그에 따른 책임이나 의무 없이 언제나 도망갈 길을 열어 놓고 있습니다. 소위 "나는 이것을 선택해. 하지만……." 이런 식으로요.

앞서 한 친구는 저에게 이런 질문을 했습니다. 온 인생을 거는 선택 혹은 사랑의 선택 같은 것들을 언급했죠. 오늘날 우리는 선택을 할 때에 이렇게 말할 수도 있습니다. 그러니까 "내가 이렇게 선택할 거야. 하지만 지금은 말고 나중에 학업 마치면……."이라는 식으로 말입니다. 그런데 "내가 이렇게 선택할 거야. 하지만……."이라는 말에서 이 '하지만'이라는 단서 조항은 우리를 가로막아 나아가지 못하게 하며 우리가 꿈을 갖지도 못하게 합니다. 마침내 우리에게서 자유를 앗아 가 버리죠. 네, 늘 이 '하지만'이 존재하죠. 그리고 때때로 이것은 '선택' 그 자체보다 더 크게 그것을 압도합니다. 그렇게 자유는 산산조각 나고 더 이상 삶과 행복에 대한 약속을 지키지 않게 되죠. 그리하여 우리는 자유 역시 일종의 착각이며 행복은 존재하지 않는다고 결론 내리곤 합니다.

그러나 사랑하는 젊은이 여러분, 각자가 지닌 자유는 커다란 선물입니다. 자유는 그대에게 주어진 선물로서 그대는 자유를 키우기 위해 이 선물을 보호해야만 하죠. 자유란 키우고 발전시키기 위해 우리가 보호해야만 하는 겁니다. 따라서 자유는 반쪽씩 걸친 양다리를 허용하지 않습니다. 그리고 질문해 준 친구는 이런 맥락에서 가장 위대한 자유로서 사랑에 대한 자유에 주목했죠.

　이제 스스로에게 물어야만 합니다. '내 사랑, 내 연인은 어디에 있는가?', '삶에서 내가 가장 소중하게 여기는 것은 어디에 있는가?' 하고 말입니다. 예수님은 가장 값진 진주를 얻기 위해 가진 것을 모두 처분한 사람에 대해 이야기하셨습니다. 사랑이란 이런 거죠. 이러한 가장 값진 진주를 얻기 위해 모든 것을 파는 것 말입니다. 모든 것을! 그리고 이 때문에 사랑은 신실합니다.

　만약 불성실한 딴마음이 있다면 그건 사랑이 아닙니다. 적어도 병든 사랑이거나 성장하지 않는 조그만 사랑인 거죠. 사랑은 오직 하나를 위해 전부를 거는 것이니까요. 하여 여러분은 사랑에 대해 잘 생각하셔야 합니다. 진지하게 생각해 보셔야 하죠. 그렇다고 해서 사랑에 대해 생각하는 것을 두려워하지는 마세요. 다만 사랑은 본래 위험을 무릅써야 하기에 신실한 사랑, 타인과 서로 간의 성장을 가져오는 사랑을 기억하시기 바랍니다. 이러한 충만한 사랑을 생각하세요. 여러분이 사랑에 대한 위험을 무릅쓰길 빕니다.

'하지만'이라는 말로 도망가지 마세요

꼰대와
어른의 차이

2018년 9월 6일
성녀 마르타의 집 아침 미사 강론

요새 우리는 잘못에 대한 거침없는 비판과 훈계를 미덕으로 여기는 시대를 살고 있습니다. 하여 이렇게 생각해 보는 것이 유익할 것입니다. 곧, '나는 나 자신을 꾸짖는가? 아니면 남들을 비난하는가?' 하고 말입니다. 남들을 비난하며 사는 이들이 있습니다. 타인에 대해서는 추상같이 비판하면서, 저 자신에 대해서는 생각하지 않는 거죠. 고해성사를 드리러 갈 때, 그저 앵무새와 같이 입으로만 죄를 고백하는 것은 아닌지 생각해 볼 일입니다. 네, '이래저래 해서 이 일도 했고 저 짓도 했습니다.'라고 말만 할 뿐, 자신이 한 일들이 정작 마음을 건드리지는 않는 거죠. 네, 많은 경우 그러합니다. 소위 마치 화장이나 분장을 하러 가듯 고해성사를 하러 가는 셈입니다. 그리고 이런 식으로는 예수님께서 주시는 은총이 우리 마음속으로 온전히 들어갈 수 없죠. 자리를 마련하지 않았기 때문입니다. 네, 우리가 아직 저 자신을 돌아보고 비판할 능력이 없는 거죠.

자신을 돌아볼 줄 모르는 그리스도인을 포함한 모든 이들의 특징은 남들을 비난하고 험담하며 타인의 삶에 도끼눈을 치켜뜨는 것이 습관이 될 때 자리 잡습니다. 그리고 이것은 분명 고약한 징후 가운데 하나죠. 이에 '내가 이런 짓을 했던가?'라는 물음은 마음 깊이 다다르기 때문에 자신에게 할 수 있는 좋은 질문이 될 겁니다.

그러므로 오늘 우리, 주님께 은총을 청합시다. 네, 그분의 현존이 주는 놀라움으로 그분 앞에 설 수 있는 은총과 우리가 죄인임을, 구체적으로 깨달을 수 있는 은총을 구합시다. 마치 베드로가 "주님, 저에게서 떠나 주십시오. 저는 죄 많은 사람입니다."(루카 5,8)라고 했던 것처럼 말입니다.

❖ 정말로 주님 앞에서 죄인으로 자처한다면, 타인의 허물에 대해 그렇게 모질 수는 없습니다. 입만 열면 늘 남 비판만을 할 수는 없습니다. 사실 우리 모두 자신이 비판받는다고 해서 스스로 반성해야겠다는 생각이 쉽사리 들지는 않으니까요. 그런데 왜 남에게는……? 아울러 모든 죄의 고백과 고발 그리고 비판은 그 자체가 목적이 아니라 남의 허물을 완성으로 이끌어 주고자 하는 사랑이 있어야 합니다. 고해성사를 통해 우리가 체험하는 것은 죄의 고발로 끝이 나는 게 아니라, 그 죄를 사랑으로 치유받는 것이니까요. 그리고 이것이 꼰대와 어른의 차이가 아닐까요? 똑같은 꾸지람을 듣더라도 그 반응이 다를 수밖에 없는 까닭이죠.

오늘처럼 하느님이 필요한 날은 없었다

회심이
슬픔일 수만은 없습니다

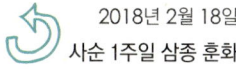
2018년 2월 18일
사순 1주일 삼종 훈화

　사랑하는 형제자매 여러분, 사순 제1주일의 복음은 유혹과 회심 그리고 좋은 소식이라는 주제들을 전해 줍니다. 하여 마르코 복음사가는 '유혹과 회심 그리고 좋은 소식 곧 복음'에 대해 이렇게 전하죠. "성령께서는 곧 예수님을 광야로 내보내셨다. 예수님께서는 광야에서 사십 일 동안 사탄에게 유혹을 받으셨다."(마르 1,12-13)

　예수님은 당신의 지상 사명을 준비하기 위해 광야로 가셨습니다. 사실 그분은 회심하실 필요가 없었습니다. 하지만 그분은 '사람으로서' 이러한 과정을 통과하셔야만 했죠. 곧, 당신 자신의 원의에 따라 아버지의 뜻에 순종하기 위해, 아울러 우리를 위해, 그리고 우리에게 유혹을 이기는 은총을 주시기 위하여 말입니다.

그런데 이러한 준비나 각오는 악한 영, 곧 악마와의 투쟁 가운데에 존재하는 법입니다. 더불어 이러한 맥락에서 우리에게도 사순 시기는 영적 투혼으로 투쟁을 벌여야 하는 시기입니다. 우리는 일상에서 기도로써 하느님의 도움을 받아 악령들을 이겨 낼 수 있도록 그것들과 맞서라고 부르심을 받았습니다. 우리는 잘 알고 있습니다. 악이란 것이 불행하게도 우리 내부와 주변에서 활동하고 있음을 말입니다. 폭력과 타인에 대한 거부인 배타성과 분쟁 그리고 불의가 드러나는 곳에 악이 있습니다. 이 모든 것이 악마, 곧 악의 활동입니다.

광야에서 유혹을 받으신 이후 곧바로 예수님은 두 번째 주제이기도 한 복음, 곧 '좋은 소식'을 선포하셨습니다. 첫 번째가 '유혹'이었다면, 두 번째는 '좋은 소식'입니다. 그리고 이러한 좋은 소식은 우리에게 세 번째 주제인 회심과 신앙을 불러일으키죠. 이에 그분께선 이렇게 선포하십니다. "때가 차서 하느님의 나라가 가까이 왔다." 그러고는 이렇게 권고하시죠. "회개하고 복음을 믿어라."(마르 1,15) 예수님은 하느님 나라가 가까이 왔다는 이 좋은 소식을 믿으라고 말씀하십니다. 그러므로 우리는 삶 속에서 늘 마음을 돌릴 필요가 있습니다. 매일매일 말입니다. 그리고 교회가 우리에게 기도하라고 하는 이유도 바로 이 때문이죠. 사실 우리는 결코 온전하게 하느님을 지향하고 있지 않기 때문에 계속해서 우리의 정신과 마음을 그분께 향해야 하니까요. 그리고 이를 위해서 우리를 길 밖으로 이끄는 모든 것, 곧 우리를 각종 기만적인 형태의 이기주의로 이끄는 거짓 가치들을 거부하는 용기가 필요하죠. 하지만 이와는 반대로 우리는 주님과 우리 각자 안에 안배하신 그분 사랑의 계획 그리고 그분의 선하심을 신뢰해야 합니다.

사순 시기란 분명 참회의 때이지만, 슬픔의 시기는 아닙니다. 이 점에 주의를 기울일 필요가 있습니다. 사순 시기는 슬픔과 비탄의 시기가 아닙니다! 오히려 우리의 이기심과 옛 모습들을 없애기 위해 기쁜 마음으로 열심히 노력해야 하는 시기죠. 우리가 받은 세례의 은총에 따라 우리를 쇄신시키는 때입니다. 오직 하느님만이 참다운 행복을 주실 수 있으니까요. 그러므로 우리의 시간을 부나 흥밋거리 혹은 권력이나 경력 등을 찾는 데 허비하는 것은 정말 쓸데없는 짓입니다. 하느님 나라야말로 우리의 모든 열망의 실현이니까요. 왜냐하면 바로 하느님 나라는 인류가 구원받는 곳이며, 그곳에서 하느님의 영광이 드러나기 때문입니다.

사순 제1주일을 맞아 우리는 예수님의 선포를 주의 깊게 듣고 받아들이라는 초대를 받았습니다. 우리가 회심하고 복음을 믿을 수 있도록 말입니다. 우리는 세상을 정의와 평화 그리고 형제애의 왕국으로 바꾸는 하느님의 은총을 언제나, 보다 잘 받아들일 수 있어야 합니다. 그러기 위해 열심한 마음으로 부활을 향한 여정을 걷기 시작하라는 요청을 오늘 받았습니다.

거룩하올 성모님께 예수님께서 광야에서 그러하셨듯이 형제애와 하느님의 말씀 그리고 끊임없는 기도로 우리가 이 사순 시기를 잘 살아갈 수 있게 도와주시길 빕니다. 결코 불가능하지 않습니다! 우리의 삶과 온 세상을 변화시키는 하느님의 사랑을 받아들이겠다는 바람을 가지고 일상을 사는 것은 분명 가능한 일입니다.

❖ 사순은 결코 그 자체가 목적이 아닙니다. 우리는 부활을 꿈꾸며

사순을 지내는 거죠. 사순은 부활의 준비 시기인 겁니다. 그러니 조용히 '미소 지으며' 사순을 '열심히' 보내야 합니다. '아! 머지않아 부활이구나.' 하면서요. 열심히 준비한 만큼 그 미소는 보다 큰 웃음으로 바뀔 것입니다. 분명 그 미소를 바탕으로 더 열심히 준비할 수 있을 테니까요.

회심이 슬픔일 수만은 없습니다

멈추어, 살펴보고, 돌아오라

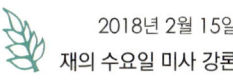 2018년 2월 15일
재의 수요일 미사 강론

사순 시기는 그리스도인들이 삶의 불협화음을 바로잡기에 딱 좋은 시기입니다. 아울러 늘 새롭고 기쁘며 희망 찬 주님의 부활 소식을 받아들이기에도 좋은 시기죠.

이 시기에 교회는 자모적慈母的 지혜로서 우리의 믿음을 식게 만들고 녹슬게 하는 모든 것에 대하여 각별한 주의를 기울일 것을 권고합니다. 우리에게 다가오는 유혹은 다양하니까요. 또한 우리는 각자 직면해야만 하는 어려움을 알고 있습니다. 일상을 엄습하는 유혹을 괴로움과 불확실성을 핑계로 이겨 내기란 분명 힘든 일입니다. 이것들은 불신 외에는 주는 것이 없기 때문입니다.

따라서 마더 데레사 수녀님이 강조하셨던 것처럼 신앙의 열매가 애덕과 사랑이라면, 불신의 열매는 냉담과 포기입니다. 불신, 냉담, 포기, 이것들이야말로 믿는 이들의 영혼을 마비시키고 무력하게 하는 악마들인 셈입니다. 사순 시기는 이런 것은 물론 다른 유혹들의 가면을 벗겨 버리고, 우리의 마음을 예수님의 심장 고동에 맞춰 다시 뛰게 할 아주 좋은 시기라 할 수 있습니다. 사순 시기의 모든 전례 안에는 이것이 녹아들어 있습니다.

이에 우리는 '믿는 마음을 불타오르게' 하기 위한 권고를 다음의 세 단어로 요약할 수 있습니다. '멈추어, 살펴보고, 돌아오라!'

잠시만 멈추어 보세요. 그리고 이러저러한 동요나 흥분을 잠시 내버려 두십시오. 이런 것들은 그저 의미 없이 휘몰아치며 영혼을 불쾌함으로 채울 뿐이니까요. 우리가 그 어디에도 속하지 않는다는 쓸쓸함만을 느끼게 할 뿐입니다.

그러므로 멈추어 서십시오. 가속화된 방식으로 살기를 강요하는 의무에서 벗어나시기 바랍니다. 이러한 삶의 방식은 가족과의 시간은 물론 친구와의 시간, 더불어 조부모와의 시간과 내 선의로 무상으로 내어 주는 시간들, 그리고 결국에는 하느님과의 시간마저 흩어 버리고 쪼개어 없애 버리니까요.

그렇기 때문에 다른 사람들에게 어떤 모습으로 보여야만 한다는 생각을 잠시만 멈추시기 바랍니다. 이러한 것은 진정한 친교의 가치와 집중의 의미를 잊게 하여 '진열장 안의 삶'을 지속하게 만들 뿐입니다.

따라서 거만한 시선이나 일시적인 평가, 그리고 친밀감과 연민을 느끼지 못하고 타인을 존중하지 못하는 업신여김 앞에서 잠시만 멈춰 서십시오. 사실 저러한 태도는 자신이 상처받았고, 심지어 죄와 오류에 빠져 있다는 표징입니다.

모든 것을 알아야 하고 좌지우지해야 한다는 강박 앞에서 잠깐 멈추시기 바랍니다. 이는 생명의 선물과 이미 받은 선익들에 대한 무상성을 망각한 데서 오는 것이니까요.

계속해서 우리의 귀를 멍하게 하고, 결국 멀게 만드는 시끄러운 소음 앞에서 잠시 멈추어 봅시다. 그것들은 우리에게 침묵의 창조적이고 풍요로운 힘을 잊게 하기 때문입니다.

다음으로 무미건조하고 냉담한 감정을 조장하는 태도 앞에서 잠시만 멈추어 서시기 바랍니다. 이런 것들은 닫힌 마음과 자기 연민에서 기인한 것으로, 고통과 부담을 나누기 위해 다른 이들과 만나는 것을 꺼리게 만드니까요.

그리고 순간적이고 일시적인 공허함 앞에서 멈춰 서십시오. 이것들은 우리에게서 진정한 자기 실존의 토대와 여러 연결들 그리고 과정이 지니는 가치와 우리가 아직 여정 중에 있음을 잊게 만들기 때문입니다. 그러므로 잠시만 멈추어 서십시오. 살피고 좀 더 숙고할 수 있도록 멈추어 서시기 바랍니다. 그리고 바라보십시오. 신앙과 희망의 불꽃을 살아 있게 하는 애덕과 사랑을 지속하는 여러 표징을 바라보시기 바랍니다. 우리 가운데 활동하시는 하느님의 선하심과 자애로움은 모든 것 안에 살아 숨 쉬고 있습니다.

그리고 많은 결점과 부족함 속에서도 삶을 살아 내기 위해 매일 고군분투하고 있는 우리 가족의 얼굴을 바라봅시다. 그들은 가정을 사랑의 학교로 만들기 위한 그 어떤 시도도 마다하지 않고 있는 걸요.

우리에게 조언을 구하는 얼굴들을 바라봅시다. 미래와 희망 그리고 보호와 관심이 필요한 미래의 잠재성으로 가득 찬 아이와 젊은이의 얼굴 말입니다. 살아 있는 생명과 사랑의 새싹들은 우리의 비열하고도 이기적인 계산속에서도 늘 새로운 공간을 만들어 주기 때문입니다.

또한 시간의 흐름 속에서 주름진 어르신들도 바라보시길 바랍니다. 그분들은 우리 세대의 살아 있는 기억의 전달자들입니다. 하느님의 활동하시는 지혜를 보여 주는 분들이시죠.

다음으로는 앓는 이들과 돌봄이 필요한 이들의 얼굴을 바라봅시다. 약한 그들에게 봉사하면서 우리는 모든 사람의 가치가 결코 계산이나 효용성의 문제로 환원될 수 없음을 깨닫게 됩니다.

그리고 회개하는 이들과 자신의 실수와 오류를 바로잡으려는 이들도 바라보아야 합니다. 그들은 고통스럽고 괴로운 상황을 변화시키고 앞으로 나아가고자 투쟁하는 이들입니다.

따라서 우리는 십자가에 못 박힌 사랑의 얼굴을 바라보며 묵상해야 합니다. 오늘도 십자가에는 여전히 희망의 전령이 계십니다. 자신의 삶 속에서 실패와 환멸 그리고 실망의 무게를 체험하며 스스로 십자가에 못 박혔다고 느끼는 이들을 향해 손을 뻗으시면서 말입니다.

모든 이에 대한 사랑으로 십자가에 못 박히신 그리스도의 얼굴을 바라보며 묵상하시기 바랍니다. 그분의 얼굴을 바라본다는 것은 이 사순 시기에 불신과 냉담 그리고 포기라는 악마를 이기기 위한 초대인 셈입니다. 우리를 향해 큰 소리로 초대하는 분들을 통해 우리는 하느님 나라를 확신하게 됩니다!

멈추어, 살펴보고, 돌아오라.

네, 그대 아버지의 집으로 돌아오십시오. 당신을 기다리고 계시는 그지없이 자비로운 아버지의 강하고 애타는 품으로 두려움 없이 돌아오시기 바랍니다! 겁먹지 말고 돌아오세요! 지금이야말로 집으로 돌아가기 좋은 때입니다. '내 아버지이자 너희 아버지'의 집으로 말이죠. 지금이 우리의 마음을 움직이시도록 내어놓을 때입니다. 악한 길에 계속 머문다는 것은 망상과 슬픔의 근원일 뿐입니다. 참된 삶이란 그것과는 매우 다른 것입니다. 그리고 우리의 마음은 이것을 매우 잘 알고 있습니다. 하느님은 우리를 향해 손 내미는 것을 피곤해하지 않으셨고 앞으로도 그러실 것입니다. 그러므로 하느님의 치유와 화해를 체험하기 위해 겁먹지 말고 돌아오시기 바랍니다! 주님께서 죄의 상처를 치유하고, 우리 조상들에게 하신 예언을 완수하시도록 해 봅시다.

"너희에게 새 마음을 주고 너희 안에 새 영을 넣어 주겠다. 너희 몸에서 돌로 된 마음을 치우고, 살로 된 마음을 넣어 주

겠다."(에제 36,26)

 이제 그만 멈춰 서십시오. 잘 살펴보세요. 그리고 돌아오시기 바랍니다!

❖ 한 편의 잘 짜인 심리 상담 같다고 말하면 실례일까요?
 당위적 교의만이 아니라, 우리를 토닥이시며 "그랬구나. 아이고, 그럼 이번에는 이렇게 해 보자"라고 말씀하시는 것 같아 마음이 따뜻해지는 강론입니다.

멈추어, 살펴보고, 돌아오라

아이스크림을 주시는 하느님

2017년 10월 25일
TV2000과의 대담

[대담자] 교황님, 성경에서 말하는 '하늘들'이라는 표현은 무엇을 가리키는 건가요?

[교황님] 네, '하늘들'이란 표현은 하느님의 광대함과 전능함을 뜻합니다. 그분이 제일이시며, 그분께서 우리에게 큰일을 하셨다는 거죠. 하늘은 그분의 권능과 사랑, 탁월함과 그 모든 것의 무한함을 의미합니다.
　하지만 이 대목에서 우리는 아브라함에게 나타나신 하느

님을 기억할 필요가 있습니다. 그분은 아브라함에게 "일어나 당신 안에서 흠 없이 나아가라."라고 말씀하셨죠. 그러시곤 "일어나 앞으로 나아가라. 믿어라, 그리고 희망하라. 포기하지 마라. 내가 가까이 있노라."라고 하셨습니다. 한데 이렇게 친밀하게 다가오시는 하느님께서 시나이산에서는 영광과 빛 그리고 연기와 구름 사이로 자못 장엄하게만 보이는 것도 사실입니다. 하여 이 두 가지 모습을 함께 이해하기란 매우 어려운 일이죠.

이에 우리 모두가 '하늘'에 계신 아버지를 고백해야만 하지만, 이는 결코 우리가 땅바닥에 엎드려 있다는 굴욕감으로 그러는 것이 아닙니다. 제가 대여섯 살 무렵 편도선 수술을 받을 때 겪은 일을 여러분에게 나누는 게 좋겠네요. 그때 그 시술은 마취 없이 진행되었는데요. 두려워하는 저에게 아버지는 치료가 끝난 후 아이스크림을 사 주겠다고 하셨습니다. 의사 선생님은 제 입안으로 입이 다물어지지 않게 하는 기구를 넣으셨습니다. 간호사들은 제가 움직이지 못하도록 저를 꽉 잡았고, 의사 선생님은 수술 가위로 제 양쪽 편도선을 싹싹 도려내셨습니다. 마취도 없이 말이죠. 그렇게 시술은 끝났고, 저는 아이스크림을 받을 수 있었더랬습니다.

병원을 나설 때 저는 통증 때문에 말을 할 수 없었습니다. 아버지는 택시를 부르셨고, 우리는 택시를 타고 집으로 돌아왔죠. 집에 도착한 후 아버지는 택시 요금을 지불하셨습니다. 그런데 저는 그때 '왜 이 아저씨에게 돈을 내지?'라고 생각했습니다. 그리고 이틀 후 말을 할 수 있게 되자 아버지에게 여쭤봤습니다. 왜 택시 기사에게 돈을 줬냐고, 그 차는 아버지의 차가 아니냐고 물었죠. 저는 그때까지만 해도 도시의 모든 차가 아버지의 것이라고 생각했거든요!

그런데 어린 시절의 이러한 경험은 하느님의 광대함과 더불어 친밀함을 이해할 수 있게 해 주었습니다. '아버지란 내가 생각하는 것처럼 대단하기만 한 존재는 아니다.'라는 거죠. 이와 같이 무한하신 하느님은 영광의 하느님인 동시에 우리와 함께 걸으시며, 우리가 필요할 때 아이스크림을 주시는 분이기도 합니다.

❖ 감히 상상조차 할 수 없는 저 무한하고 전지전능하신 하느님이 바로 나에게 아이스크림을 주시는 그분이라는 역설이 중요한 까닭은 그 어느 쪽을 선택하든, 혹 다른 하느님상을 그리든지 간에 그 모습은 어디까지나 내가 본 하느님의 모습 중 하나일 뿐이기 때문입니다. 초월

과 내재의 균형이라는 어려운 말은 접어 두더라도, '내'가 생각하는 하느님이 참으로 그러한 하느님이셔야 한다는 욕심만큼은 버려야 하지 않을까요.

아이스크림을 주시는 하느님

제2장

제대로 살기 위한 탈출의 시작

젊다면, 제발 입 다물고 있지 마세요

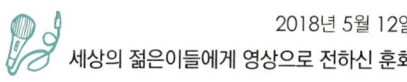
2018년 5월 12일
세상의 젊은이들에게 영상으로 전하신 훈화

사랑하는 친구 여러분.

저는 다음번 세계 주교 대의원 회의 총회를 준비하며 열린 이번 젊은이들의 국제 마리아 밤샘 기도에 참여하게 되어 매우 기쁩니다. 이번에 새롭게 조성된 '비탄의 성모님, 가브리엘 순례지'에서 진행되는 행사에 저도 참여하게 되었습니다. 물론 몸은 여러분과 멀리 떨어져 있기는 하지만, 현대 통신 기술 덕분에 물리적인 거리를 없앨 수 있었습니다. 사실 우리 그리스도인들은 하나의 믿음과 기도를 통해 전 세계의 모든 신앙인이 하나 됨을 잘 알고 있습니다. 이에 혹 누가 몰라준다고 하더라도 우리 신앙이야말로 디지털 혁명의 선두주자라 말할 수 있을 것입니다.

저는 특별히 제 마음속에 간직한 몇몇 이야기를 여러분과 나누고자 합니다. 첫 번째는 마리아에 관한 것입니다. 동정 마리아께 애정을 드리며 묵주 기도를 하는 젊은이들이 얼마나 아름다운지요. 성모님의 메시지는 오늘날에도 여전히 그 힘을 발휘합니다. 왜냐하면 그분 또한 젊은이셨으니까요. 더욱이 토리노 신부님께서 즐겨 말씀하셨던 바와 같이 성모님은 분명 '우리 시대의 여인'이십니다. 천사가 말을 건넸을 때 성모님은 젊은이, 아마도 10대셨을 겁니다. 천사의 말은 분명 혼란스러움과 두려움을 주었지만, 그녀의 작은 일상적인 계획들을 예수 그리스도 안에서 하느님의 원대한 계획의 일부가 되게 하였습니다. 그리고 이어 아드님의 제자가 되셨고, 세월이 흘렀음에도 성모님은 젊은이의 열정을 지닌 채 젊은이로 남아 계셨죠. 그리하여 성모님은 젊은이들만이 지니는 용기를 품고 십자가를 진 그분을 따라가셨습니다. 성모님은 늘 젊은이로 남으셨습니다. 우리가 몽소승천(성모 마리아가 하느님의 부르심을 받아 육신을 지닌 채 승천하심)을 묵상하는 지금까지도 말입니다. 왜냐하면 거룩함이란 젊음을 영원히 간직하니까요. 거룩함이야말로 우리가 그토록 원하는 '젊음의 비약'인 셈입니다. 이것이 바로 주님의 부활이 우리에게 가져다준 '새로워진 젊음'입니다.

저는 지난 3월, 이번 사전 모임에 참석한 여러분과 같은 젊은이들을 만났습니다. 그곳에서 저는 주교들에게, 정작 젊은이들은 말하지 못하게 하면서 그들이 젊은이들에 대해 이야기하는 것의 위험성을 지적했습니다. 이른바 '안전거리'를 유지하는 것의 문제를 말씀드린 거죠.

하지만 젊은이는 물지 않습니다. 누구나 그들에게 가까이 다가갈 수 있죠. 젊은이들은 열정을 지닌 존재입니다. 그리고 이러한 열정 덕분에 여러분이 미래의 열쇠를 가지게 되는 겁니다.

사랑하는 젊은이 여러분, 여러분이 다시 가족과 본당으로 돌아가시거든, 제발 입을 다물고 있지 마시길 바랍니다! 물론, 말하다 보면 실수할 수도 있습니다. 젊음이란 때때로 잘못을 저지를 수 있습니다. 우리는 경솔함 때문에 죄를 지을 수 있습니다. 하지만 여러분은 실수하고 그 잘못을 통해 배우는 것을 두려워해서는 안 됩니다. 그렇게 우리는 앞으로 나아가는 거니까요.

   만약 여러분의 부모님이나 신부님, 선생님이 여러분의 입을 막으려 하거든 그분들에게 교회와 세상, 아울러 젊은이들이 새로워지기 위해서는 바로 스스로 말할 수 있는 젊은이들이 필요하다는 것을 상기시켜 주시기 바랍니다.

   여러분, 잊지 마세요. 여러분에게는 무적의 지지자가 있음을 말입니다. 영원한 청년 그리스도와 젊은 여인이신 성모 마리아, 그리고 대천사 가브리엘과 교회의 영원한 젊음의 비밀인 모든 성인·성녀가 바로 여러분의 편입니다.

   고맙습니다.

❖ 젊음이 아름답다고 하는 이유는 단순히 나이가 어리다는 그 자체로 인한 멋과 활기 때문만은 아닐 겁니다. 오히려 새로운 '미래'가 열려 있다는 그 가능성 때문에 모두가 젊음을 부러워하고 찬양하는 것이겠지요. 따라서 스스로 미래에 대한 희망의 문을 걸어 잠근다면, 이는 물리적 나이와 상관없이 이미 고리타분한 사람입니다. 아울러, 과거를 바탕으로 언제나 현재를 제대로 직시하고, 더 나은 것을 찾아내려는 노력을 통해 미래에 대한 희망의 문을 열어 놓을 수 있습니다.

오늘처럼 하느님이 필요한 날은 없었다

그대여,
이제는 좀 자유로워지세요
-자존심의 노예

 2018년 9월 12일
일반 알현 훈화

사랑하는 형제자매 여러분, 안녕하세요. 오늘은 제3계명 그러니까 안식일에 대하여 알아보도록 하겠습니다. 아시다시피 탈출기에서 공표된 십계명은 신명기에서 거의 동일하게 반복됩니다. 그런데 이 세 번째 계명의 경우 중요한 차이점이 존재하죠. 곧 탈출기에서는 휴식의 동기가 창조물에 대한 축복이었다면, 신명기에서는 이것이 노예살이의 끝을 상기하는 것이기 때문입니다. 하여 이날 노예들은 주인과 마찬가지로 쉬어야 합니다. 해방된 기념으로 파스카를 기억하기 위해서 말입니다. 실상 노예들은 휴식할 수 없으니까요.

그러나 여전히 내외부적으로 여러 형태의 노예살이가 존재합니다. 네, 여러 외부적인 강제가 있습니다. 이를테면 억압, 그러니까 폭력과 기타 여러 형태의 불의로 인해 압류된 삶들 말입니다. 이와 함께 내적인 감옥도 존재하죠. 예를 들면, 심리적 장애물이나 감정 복합(콤플렉스)으로 인한 성격상의 한계 등 말입니다. 이런 것 속에 휴식이 존재할까요? 이렇게 은둔하거나 억압받는 이가 자유를 누릴 수 있을까요? 내면의 어려움으로 괴로워하는 이가 진정 자유로울 수 있을까요?

자, 그렇다면 진정한 자유란 무엇일까요? 선택의 자유를 뜻하는 걸까요? 물론 이것이 자유의 한 부분임은 확실합니다. 그래서 우리가 모든 이에게 이를 보장하려고 애쓰는 것이고요. 하지만 우리는 이미 잘 알고 있습니다. 바라는 것을 할 수 있다고 해서 무조건 자유롭거나 행복한 것은 아니라는 점을 말입니다. 진정한 자유란 이보다 훨씬 더 큰 것이니까요. 실제로 그 어떤 강요보다 더 헤어 나오기 어렵고 공포스러울 만큼 위험한, 우리를 얽어매는 노예살이가 있습니다. 바로 제 '자아'에 대한 노예살이입니다. 하여 얼마나 많은 이들이 자존심 때문에 온종일 거울을 바라보고 있는지 모릅니다! 네, 이 자존심이란 것은 제 육체보다도 키가 더 큰 법이죠. 그리고 이것이 '자존심의 노예'라는 겁니다. 이 자존심은 어디에서나 그 사람을 찔러 대고 깊은 압박을 가하는 폭군이 될 수 있으니까요. 이는 '죄'라고 불릴 만합니다. 단순히 규정 위반으로서가 아니라 우리의 실존을 어그러트리고 종의 상태로 만든다는 점에서 말입니다. 사실 죄란 결국 '내'가 말하고 행동하는 것이니까요. 곧, 자존심은 '나는 이것도 저것도 하고 싶어. 한계든 계명이든 나에겐 상관없어. 사랑? 그게 나에게 무슨 대수라고!' 하는 겁니다.

어떤 작가들은 이러한 자존심의 시기와 질투는 마치 사람이 간염에 걸려 황달이 오듯, 몸과 영혼을 누렇게 뜨게 만든다고 합니다. 네, 시기와 질투하는 이들은 누런 영혼을 지닙니다. 왜냐하면 그들은 결코 영혼의 건강함에서 오는 신선함을 가질 수 없으니까요. 시기와 질투는 파괴만 불러올 뿐입니다. 하여 제가 말씀드렸던 이러한 자존심과 자아로서의 자기중심주의는 타인과 자신의 사이에 도랑을 팔 뿐입니다.

그러므로 사랑하는 형제자매 여러분, 누가 진짜 노예이며 종일까요? 네, 누구야말로 쉴 줄 모르는 사람인가요? 쉴 수 없는 이가 노예이며 종인데 말입니다. 이런 이들은 사랑할 줄 모르는 사람들입니다! 왜냐하면 모든 악덕과 죄, 이기심은 우리를 사랑으로부터 멀어지게 하고 사랑할 줄 모르게 만들기 때문입니다. 우리는 그저 우리 자신의 종이 되어 누군가를 사랑할 수 없게 되는 겁니다. 사랑이란 언제나 내가 아닌 남을 향하는 것이니까요.

따라서 해방으로 얻게 된 휴식을 기념하라고 초대하는 이 제3계명은 우리 그리스도인에게는 주 예수님의 예언인 셈입니다. 곧, 사랑할 줄 아는 사람이 되도록 죄의 내적인 종살이를 깨트리시는 거죠. 이에 참사랑이 곧 참된 자유입니다. 사랑은 소유로부터 벗어나게 하고 관계를 재구성하며 이웃의 가치를 알아보고 받아들이게 합니다. 또한 모든 노력과 수고를 즐거운 선물로 바꾸어 주고 친교를 나눌 수 있게 해 줍니다. 하여 사랑은 심지어 감옥 안에서도 우리를 자유롭게 해 줍니다. 비록 그것이 미소하고 제한될지언정 말입니다. 그리고 이것이 바로 우리 구세주 예수 그리스도로부터 우리가 받은 자유입니다.

❖ 학창 시절 매 학기 초, 학급의 일거리들을 나눠야 하는 첫 학급 회

의 때마다 겪은 부끄러운 기억이 하나 있습니다. 어떻게 하면 일을 맡지 않을까, 좀 더 쉬운 몫을 택할까 눈치를 볼라 치면 가슴도 괜히 콩콩 뛰고 이마에 진땀도 나는 것이……. 하여간 그게 뭐이 큰일이라고 하여간 그렇게 맘을 졸이곤 했습니다. 또 맡고 싶은 자리라도 있으면 그 반대로 또 조마조마하기도 했지요. 거기에 '매번 쟤는 왜?'라는 비교까지 더해지면 저에게는 그 어떤 시험이나 난리보다 더 힘든 시간이었더랬습니다.

한데, 그러다가 이런 초조함이 싫어 '에이, 그냥 내가 일 하나 하고 말지!'라는 마음을 먹거나, 반대로 '에이, 욕심 부리지 말자!'라고 마음을 놓는 순간, 저러한 전쟁 같은 기분은 단번에 없어졌습니다. 물론, 매년 돌아오는 학기 초마다 저러한 깨달음이 재까닥 기억난 것은 아닌지라 늘 반복되는 눈치와 그에 따른 초조함을 겪어야 했지만요. 그러나 한 가지는 분명했습니다. 정작 일 때문에 느끼는 어려움보다는 '나 하나 편해 보자.'라는 내빼는 마음, '저 자리는 내가 한번?'이라는 나대는 마음에서 초조함과 불안함이 생기고 그래서 제 마음을 더 찝찝하고 기분 나쁘게 했다는 것을요. 그건 정말, 내가 내 발목에 차꼬를 채우고 손목에 수갑을 채우는 그런 형국이었습니다.

그대여, 이제는 좀 자유로워지세요-자존심의 노예

부디 여러분의 길을 만들어 가십시오

2018년 10월 6일
세계 주교 대의원 회의 참관 중 젊은이들과의 만남

여기 여러분의 질문이 적힌 종이가 있습니다. 그 대답은 세계 주교 대의원 회의에 참석한 주교님들께서 해 주실 겁니다. 만일 제가 대답을 해 드린다면, 저는 여기에서 이번 세계 주교 대의원 회의를 마쳐야 할지도 모르기 때문입니다. 대답은 모두에게서 비롯되어야 합니다. 우리의 모든 반성과 토론을 통해서 말입니다. 허나 무엇보다도 그 대답은 두려움 없이 응답되어야만 하죠.

하여 저는 이 질문에 대해 오직 어떤 해결책을 줄 수 있는지만 말하고자 합니다. 이것은 어떤 원칙인 셈입니다. 그러므로 젊은이 여러분, 이것이 여러분께 드리는 저의 첫 번째 대답입니다. 부디 여러분의 길을 만들어 나아가십시오. 네, 여러분은 코앞의 거울이 아닌 저 멀리 지평선을 바라보며 나아가는 젊은이가 되셔야 합니다. 늘 저 앞을 바라보며 걸어 나아가야 하죠. 그저 소파 위에 널브러져 있는 것이 아니라 말입니다. 이에 제가 여러 번 말씀드렸습니다만, 소파에 머무는 젊은이란 고작 스물넷의 나이에 은퇴한 것이나 다름없습니다. 그리고 이것은 얼마나 난감한 일인지요!

물론 여러분이 일관적이지 못한 교회를 볼 때도 있습니다. 그러니까 여러분에게 진복팔단이나 산상수훈을 말하면서 도리어 스스로 배타적이고 거들먹거리며 추문에 시달리기도 하는 교권주의에 빠진 교회 말입니다. 네, 저도 알고 있습니다. 그러나 그대가 그리스도인이라면 산상수훈을 배운 대로 실천하시기 바랍니다. 생을 봉헌한 수도자·성직자도 마찬가지입니다. 사제인 그대가 그리스도인답게 살고자 원한다면, 진복팔단과 산상수훈의 길을 따라가시기 바랍니다. 세속된 길이나 교회의 가장 나쁜 탈선 가운데 하나인 성직자 중심주의의 길을 따르지 마시고 말입니다. 네, 이것이 바로 삶의 일관성입니다. 더불어 젊은이 여러분들도 여러분의 삶에서 일관적이어야만 합니다. 하여 때때로 '나는 내 삶에서 일관적인가?'라고 자문해 보아야 합니다. 이것이 두 번째 원칙입니다.

다음으로는 불평등의 문제가 있습니다. 실상 오늘날 우리는 진정한 '힘'의 의미를 잊어버렸습니다. 그리고 이는 정치에 관한 질문에도 적용되죠. 우리는 예수님이 말씀하신 힘과 권력은 봉사라는 점을 잊어버렸습니다. 참된 힘과 권력은 봉사에 있다는 걸 말입니다. 그렇지 않으면 이는 이기심일 뿐입니다. 남을 끌어내리고 성장하지 못하게 하며 결국 종으로 만들고 지배하며 자라지 못하게 하니까요. 하지만 힘이란 사람들을 성장하게 하고 그들에게 봉사하기 위해 있는 것입니다. 그리고 이것이 정치의 일관성과 여러분 질문에 답이 되는 일관성에 관한 원칙인 셈입니다.

그럼 다음 질문도 있습니다만, 여러분께 한 말씀만 드리죠. 젊은이 여러분, 여러분은 결코 값을 매길 수 없습니다! 그러니 제발 여러분을 경매에 내놓지 마십시오! 부디 여러분을 팔리게 내버려 두지 마시기 바랍니다. 네, 유혹에 빠지지 마십시오. 우리 머릿속에 온갖 이념을 들이부으며 끝내 우리를 노예로 만들고, 특정 이념에만 의존케 하여 삶을 피폐하게 하는 이념적 식민주의의 노예가 되지 마시기 바랍니다. 여러분은 결코 값을 매길 수 없을 만큼 귀하니까요. 하여 여러분은 이것을 늘 곱씹어야만 합니다. "나는 경매당할 수 없다.", "나는 값을 매기는 물건이 아니다.", "나는 자유롭다. 나는 자유롭다!"

부디 예수님께서 주신 이러한 자유와 사랑에 빠지시길 빕니다.

오늘처럼 하느님이 필요한 날은 없었다

기탄없이 말하십시오!
다만 우리가 셜록 홈즈가
아니라는 것만 기억하세요

2018년 8월 26일

아일랜드 '세계 가정 대회' 참석 후 돌아오는 비행기에서 질의응답

[기자] 교황님, 안녕하십니까. 교황님은 아일랜드의 정부 당국자들과 만나 〈프란치스코 교황 성하께서 하느님 백성에게 보내는 서한〉을 언급하셨습니다. 그 서한에서 교황님은 모든 가톨릭 신자에게 교회 내의 온갖 인권 침해에 맞서라고 촉구하셨습니다. 이에 관해 여쭙자면, 가톨릭 신자들은 구체적으로 무엇을 할 수 있을까요? 각자의 위치에서 각종 인권 침해와 학대에 대항하기 위해 무엇을 할 수 있을까요? 아울러 이와 관련해 프랑스에서는 한 사제가 피해자들에게 고발된 발바린Barbarin 추기경의 사임

요구 탄원서의 서명을 받기 시작했는데요. 이에 대해서는 어떻게 생각하시는지요? 교황님은 이런 방식이 적절하다고 보십니까?

[교황님] 우선 어떤 의혹이나 여지 혹은 증거가 절반이라도 있다면 수사해 보는 것이 나쁘지 않을 겁니다. 하지만 언제나 근본적인 원칙을 따라야 하겠죠. 바로, '증명되지 않았다면 그 누구도 무죄Nemo malus nisi probetur'라는 원칙입니다. 실상 많은 경우에 이러한 유혹을 받을 수 있습니다. 단순히 수사 과정에서뿐만이 아니라 발표되는 과정에서도 그렇죠. 곧 죄가 있으니까 수사를 받았다는 식으로 말입니다.

이런 식으로 전하는 언론이 있습니다. 물론 여러분이 그렇다는 건 아닙니다. 허나 이렇게 유죄로 몰아가고자 하는 유혹이 있는 게 사실이죠.

하여 이런 사안을 이해하는 데 도움이 될 만한 최근에 있었던 일을 말씀드리고자 합니다. 저에게는 우리가 앞으로 어떻게 나아가야 하며, 또한 언론이 어떤 역할을 할 수 있는지가 중요하기 때문입니다. 한 3년여 남짓 전에 그라나다에서 소위 성직자의 소아 성애 문제가 불거졌습니다. 아동을 성적으로 학대하고 난잡한 술자리를 벌였다는 등의 혐의로 고발

당한 신부 10여 명이 있었습니다. 사실 그 고발장은 직접 제게 왔는데요. 23세의 젊은이가 작성한 편지였죠. 그는 자신이 학대를 당했다고 하며 학대한 사람의 이름과 관련된 모든 정보를 적어 보냈습니다. 그 친구는 그라나다 소재의 무척 명망 있는 가톨릭 대학에서 근무하는 이로, 고발이 적힌 편지는 거짓이라고 의심할 수 없이 자세하게 적혀 있었습니다. 그 친구는 제게 이러한 것들을 폭로하기 위해서는 무엇을 해야 하느냐고 물었습니다. 저는 '교구장 주교에게 가라. 대주교는 네가 무엇을 해야 하는지 알 것'이라고 말해 주었습니다. 그 뒤 대주교님은 자신이 하셔야 할 바를 모두 하셨고 그 사건은 사회 법원에까지 이르게 되었습니다. 그런데 두 가지 문제가 더 발생했습니다. 먼저 지역 언론들이 기사를 쏟아 내기 시작했습니다. 네, 3일이 지나자 교구 내에 '소아 성애 사제들'이라는 식의 내용이 도배가 되었고 그렇게 그 신부들은 이미 범죄자라는 인식이 자리 잡았죠. 그러나 그중 일곱 명은 심문을 받았지만 무혐의 처리가 되었습니다. 나머지 세 명은 수사가 진행되어 두 명은 5일 동안, 다른 로마교구의 본당 사제 한 명은 7일 동안 구치소에 구속되었습니다. 그리고 거의 3년 남짓 그들은 뭇사람들의 증오와 모욕을 견며 내야 했죠. 그들은 범죄자로 낙인찍혀 외출도 할 수 없었고 자신이 무죄임을 입증하는 과정에서 배심원들로부터 멸시를 당해야만 했습니다. 아무튼 그렇게 3년여가 지난 뒤 배심원단은 신부 모두를 무죄로 판결했습니다. 그러나 혐의를 벗었다지만 이름이 밝혀진 세 명은 여전히 유죄로 비난받았습니다. 왜냐하면 고발한 청년이 매우 기발했으니까요. 청년은 지적인 사람으로 가톨릭 대학에 근무했으며 평판도 좋았던 거죠. 해서 그가 진실을 말한다는 인상을 남긴 겁니다. 그러나 알고 보니 신부들은 무죄였고, 그 청년이 죄를 저질러 모든 비용을 물었습니다. 하지만 이 신부들은 판결이 나기도 전에 지역 언론으로부터 유죄로 비난받아야만 했습니다.

그리고 바로 이 때문에 여러분들은 맡은 일을 매우 세밀하게 해야 합니다. 여러분은 모든 일에 참여해 모든 것을 말해야 하지만, 언제나 이 '무죄 추정의 원칙'을 지키셔야만 하는 거죠. '유죄 추정의 원칙'이 아니고요. 사건에 대한 정보를 전달할 뿐 사전 판결을 하지 않는 정보 제공자와 셜록 홈즈와 같이 유죄를 전제하며 다가가는 수사관은 다릅니다. 애거사 크리스티의 소설에 나오는 탐정인 에르퀼 푸아로Hercule Poirot가 행하는 걸 보면 그에게는 모두가 유죄 피의자였죠.

하지만 이것은 수사관의 임무입니다. 네, 수사관에게는 모든 이가 유죄일 수 있죠.

이에 우리는 서로 다른 두 관점에 이르렀습니다. 하나는 언제나 혐의를 받는 사람을 무죄라고 추정한 뒤에 정보를 제공하는 역할을 해야 합니다. 각종 의심과 의혹에 대하여 말은 하지만 결코 지레 판단을 내리지는 않는 겁니다. 하여 제가 말씀드린 그라나다에서 일어난 일이 각자의 위치에서 우리 모두에게 좋은 예가 되리라 봅니다.

[공보 비서관] 교황님, 두 질문 가운데 첫 번째 질문은, 하느님 백성이 어떤 일을 할 수 있는지에 관한 질문이었습니다.

[교황님] 네, 여러분은 무언가 알게 되거든 즉시 말씀하셔야 합니다. 이에 저는 좀 끔찍한 경우를 하나 들어 보겠습니다. 많은 경우 피해자의 부모가 사제들의 학대를 은폐한다는 점입니다. '에이, 그럴 리 없어.'라는 식으로요. 그분들이 그 말을 믿지 않거나 혹은 사실이 아닐 거라 확신할 때 아이들은 계속 그런 상황에 남게 되죠. 하루는 한 자매를 만났습니다. 그녀는 40년 동안이나 이러한 침묵으로 인한 고통을 견

뎠다고 합니다. 왜냐하면 부모가 믿어 주지 않았으니까요. 한데 그녀가 학대를 당하기 시작한 나이는 여덟 살 때였다고 합니다. 그러므로 말하시기 바랍니다! 이것은 중요합니다. 물론 엄마의 입장에서는 이러한 사건을 알게 되었을 때 사실이 아니라고 여기거나 자신의 아이가 공상을 한 것이라 생각하는 편이 낫다고 여길 수도 있습니다. 하지만 그럼에도 말씀하십시오! 적절한 이들과 이야기를 나누고, 재판을 진행할 수 있는 이들에게 말하시기 바랍니다. 적어도 사전 조사가 되어야 하니까요. 이에 법조인이나 주교 혹은 본당 신부가 좋으시다면 본당 신부에게 말씀하십시오. 그리고 이것이 바로 하느님의 백성이 할 수 있는 첫 번째 일입니다.

❖ 본래 양극단적 사고가 단순하고 편한 법입니다. 하여 차라리 '침묵'하거나 아니면 '여론 몰이식 흥분' 사이에서 선택하는 게 더 쉬울지도 모르겠습니다. 허나, 삶은 본래 미묘하며 그 스펙트럼은 다채로운 법이죠. 비겁한 침묵과 과열된 흥분 사이에는 아직 우리가 선택할 수 있는 자리가 많습니다. 아니 아니 오히려 저 사이에서 또 다른 자리들을 우리는 찾아야만 합니다. 아울러 저러한 양극단의 공격과 유혹에도 굳건해야 진짜 자기 목소리를 낼 수 있는 것이 아닐까요?

오늘처럼 하느님이 필요한 날은 없었다

일어나 비추어라

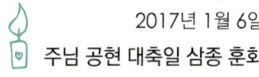
2017년 1월 6일
주님 공현 대축일 삼종 훈화

사랑하는 형제자매 여러분, 오늘 우리는 주님 공현을 기념합니다. 곧, 모든 민족의 '빛'으로서 환히 빛나시는 예수님께서 공적으로 드러나심을 기리는 것입니다. 세상을 환히 비추는 빛은 모든 이의 삶도 환히 비추어 주기를 바라는 하나의 상징입니다. 아울러 이 빛은 동방 박사들을 베들레헴으로 이끈 별이기도 하죠. 그래서 그들은 예수님의 별을 따라나서기로 정한 겁니다.

그런데 우리의 삶 안에도 서로 다른 별들과 함께 밝게 빛나며 길을 안내하는 빛들이 있죠. 그것들 가운데 무엇을 따를 것인가에 대한 선택은 우리에게 달려 있습니다. 이를테면, 삶의 작은 만족만을 주는 오락가락 깜빡이는 빛이 있습니다. 또한 좋을지언정 오래 지속되지도 않고 우리가 찾는 평화를 주기에 충분하지 않은 빛도 있죠. 그리고 모든 것을 단박에 이루어 줄 것만 같은 번쩍이는 환호와 재물 그리고 성공의 빛도 있습니다. 무척 매혹적으로 반짝이면서요. 하지만 이러한 빛들은 우리를 눈멀게 하고, 영광스러운 꿈이 아닌 더욱 어두운 어둠 속으로 우리를 이끌죠.

오늘 동방 박사들은 진정한 빛을 따르라고 우리를 초대합니다. 결코 꺼지지 않는 자비로운 빛으로 말이죠. 이 빛은 이 세상의 것이 아니니까요. 이것은 하늘에서 내려와 우리 마음속에서 빛나는 빛입니다. 따라서 이 참된 빛은 주님의 빛, 아니 주님이라고 말하는 것이 더 좋겠네요. 그분이야말로 우리의 빛이십니다. 그것도 우리를 현혹하는 빛이 아니라 우리와 함께하며 유일무이한 참기쁨을 주는 그런 빛이십니다. 이 빛은 모든 이를 위한 것이며, 누구나 부르시는 빛이십니다. 우리는 이사야 예언자의 초대를 지금의 우리에게 그대로 적용해 볼 수 있습니다. "일어나 비추어라."(이사 60,1) 이와 같이 이

사야는 오늘 예루살렘의 기쁨을 예언하며 말했더랬습니다. "일어나 비추어라." 그러므로 우리는 하루를 시작할 때마다 이러한 초대를 받아들일 수 있습니다. "일어나 비추어라." 오늘을 지내며, 세상의 여러 점멸하는 빛들 사이에 예수님의 환한 별이 있습니다. 이에 우리가 저 별을 따르기만 한다면, 우리는 동방 박사들이 누린 그 기쁨을 얻을 수 있을 겁니다. "그들은 그 별을 보고 더없이 기뻐하였다."(마태 2,10) 왜냐하면 하느님이 계신 곳에 기쁨이 있기 때문입니다.

예수님과 만난 이는 어둠을 관통하는 별빛의 기적을 체험합니다. 그리고 밝게 비추는 이 빛을 알게 되죠. 저는 여러분 모두가 이 빛을 두려워하지 않고 주님께 마음의 문을 열길 바랍니다. 무엇보다도 저는 주님을 찾을 기력조차 없는 분들에게, 지쳐 있는 이들에게, 삶의 어둠 속에 계신 분들과 아무런 희망조차 없는 분들에게 이런 말씀을 드리고 싶습니다. "일어나십시오. 용기를 가지세요. 예수님의 빛은 그 깊은 어둠을 이길 방법을 알려 줄 것입니다. 일어나 용기를 가지세요!"

자, 그렇다면 어떻게 하느님의 빛을 얻을 수 있을까요? 당연히 동방 박사들의 모범을 따라야죠. 복음이 그들의 일거수일투족을 전하고 있듯이 말입니다. 사실 빛을 바라는 이는 자신을 떠나 그 빛을 찾아 나서는 이입니다. 자신 안에 갇혀 주위에서 벌어지는 일을 보고만 있는 것이 아니라, 참으로 삶을 치열하게 살아가는 사람이죠. 자신을 스스로 박차고 나감으로써 말입니다. 사실 그리스도인의 삶이란 계속되는 여정입니다. 희망과 탐색의 활동인 것입니다. 마치 동방 박사들이 걸었던 여정과 같이 말입니다.

별이 시야에서 잠깐 사라질 때에도 그 여정은 계속됩니다. 물론 이 여정 가운데에는 마땅히 피해야 할 함정들도 존재하죠. 예를 들면 종종 하던 일을 멈추면서 행하는 일상적이고도 피상적인 잡담이나, 이기심에서 비롯된 모든 걸 무력하게 하는 충동질, 그리고 희망을 잡아 없애는 비관주의의 함정들 말입니다. 그런데 이러한 장애물들은 오늘 복음에서 말하는 율법 학자들을 가로막고 있던 것들이기도 하죠. 그들은 어디에 별이 있는지 알고 있었으면서도 움직이지 않았습니다. 헤로데가 그들에게 "메시아가 태어나기로 한 곳이 어디인가?"라고 물었을 때, 그들은 "베들레헴입니다."라고 말했던 것처럼 그들은 이미 알고 있었으면서도 찾아가지 않았습니다. 그들의 앎은 의미 없는 것이었습니다. 많은 것을 알고 있었지만 아무것도 하지 않았으니까요. 이런 앎이 무슨 소용이 있겠습니까. 그분의 성탄을 우리 마음에 모셔 오지 않는다면, 하느님이 태어나셨다는 걸 아는 것만으로는 충분하지 않습니다. 하느님은 태어나셨습니다. 그런데 그대의 마음 안에서도 태어나셨나요? 내 마음속에, 우리의 마음 안에 태어나셨습니까? 그렇다면 우리는 동방 박사들처럼, 마리아와 요셉과 함께 별을 보며 그분을 알아보게 될 것입니다.

동방 박사들은 아기를 찾아낸 뒤 '엎드려 그분께 경배를 드렸습니다.' 그들은 그저 바라만 보거나 단순히 상황에 맞는 기도만 되뇐 것이 아니었습니다. 그들은 아기를 찾았다고 확인한 뒤 그냥 돌아간 것이 아니라 경배를 드렸습니다. 그들은 예수님을 뵙고 사랑의 개별적 친교를 맺은 거죠. 그런 다음, 자신의 가장 소중한 예물인 황금과 유향, 몰약을 그분께 드렸죠. 우리는 동방 박사들에게 배워야 합니다. 예수님께 자투리 시간이나 가끔 몇몇 생각만을 내어 드린다면, 우리는 결코 그분의 빛을 가질 수 없을 거라는 점을 말입니다.

따라서 우리는 동방 박사들과 같이 여정에 나서야 합니다. 예수님의 빛을 따름으로써 우리 역시 빛이 되어야 하죠. 아울러 우리의 온 존재를 통해 주님을 경배해야 합니다.

동방 박사들은 예수님께 선물을 드렸습니다. 하지만 사실은 예수님이야말로 하느님의 진정한 선물이십니다. 그분이 우리에게 선사된 하느님이시니까요. 그분 안에서 우리는 늘 우리를 용서하시고 맞아 주시며 기다리시는 아버지의 자애로운 얼굴을 봅니다. 하느님은 결코 우리의 업적이나 죄에 따라 우리를 대하지 않으십니다. 언제나 헤아릴 수 없는 당신의 광대한 자비로 우리를 대하시죠.

이에 여러분께 저도 선물을 드리고자 합니다. 《자비의 이콘/상징》이라는 작은 책자인데요. 하느님의 선물은 예수님, 곧 아버지의 자비이니까요. 네, 바로 이러한 하느님의 선물을 기억하시라고 이것을 여러분께 드리고자 합니다. 이 선물은 수도자들과 많은 자원봉사자, 가난한 노숙자와 난민들이 여러분에게 나눠 드릴 겁니다. 마음으로부터 각별한 애정을 담아 이분들께 감사드립니다.

❖ '땅바닥의 번쩍이는 금덩이만 좇다 보면 평생 하늘의 별빛을 볼 수 없다.'는 말이 있습니다. 그리스도인, 신앙인으로서 우리는 지금 어떤 빛을 좇고 있습니까? 주님 공현 대축일 전통에 따라 선물까지 주시는 교황님, 더욱이 그 산타 역할을 노숙자와 난민들에게 맡기는 센스!

오늘처럼 하느님이 필요한 날은 없었다

창밖으로 내던지십시오!

2018년 8월 1일
2018년도 일반 알현 훈화

사랑하는 형제자매 여러분, 안녕하세요.

오늘 우리는 십계명의 첫 번째 계명을 들었습니다. 십계명의 첫 번째 계명은 이것이죠.

"너에게는 나 말고 다른 신이 있어서는 안 된다."(탈출 20,3)

우상 숭배라는 주제에 대해 숙고한다는 것은 참으로 마땅하고 실제로 우리가 해야 할 일입니다. 하여 이 계명은 실제하는 온갖 종류에 대한 우상을 만드는 것을 금지합니다. 실상 모든 것이 우상으로 사용될 수 있으니까요. 지금 우리는 신자, 비신자와 상관없는 인간으로서 지닌 어떤 성향에 대해 말하고 있는 것입니다.

따라서 그리스도인으로서 우리는 이렇게 자문해 볼 수 있습니다. "어떤 것이 정말 나의 하느님인가? 삼위일체의 한 분이신 사랑의 하느님인가, 아니면 내가 만든 이미지나 내 개인적인 성공인가? 그도 아니면 교회 안에 있는 어떤 것이라고 생각하는 건 아닌가?"

우상 숭배는 단순히 이교도의 거짓된 신을 숭배하는 것만을 뜻하지 않습니다. 이것은 믿음과 신앙에 대한 끊임없는 유혹 가운데 하나죠. 우상 숭배란 그 어떤 것이든 하느님이 아닌 것을 절대적으로 신성시하는 것입니다. 여기에 가장 비참한 측면이 있습니다. 주님은 이렇게 말씀하셨습니다. "너는 그것들을 섬기지 못한다." 우상은 우리를 노예로 만듭니다. 그것들은 행복을 약속하지만 정작 주지는 못 하죠. 네, 우리는 종종 우상을 숭배하는 관점으로 살아가면서 결코 이루어지지 않을 결과들을 애타게 기다리고 자기 파괴적인 혼란에 빠지고 맙니다.

사랑하는 형제자매 여러분, 우상은 생명과 삶을 약속하는 듯하지만 실제로는 그것을 앗아 갑니다. 이에 반해 참하느님은 우리에게 목숨을 내놓으라고 하지 않으시고, 오히려 그것을 선사하시고 선물하십니다. 참하느님은 우리에게 '성공의 징후'를 내어 주시는 것이 아니라 '사랑하는 법'을 알려 주십니다. 참하느님은 자녀를 내놓으라고 하지 않으시고, 오히려 우리에게 당신 아드님을 주셨습니다. 우상은 미래의 가설들을 제시할 뿐 정작 현실은 혐오하게 만듭니다. 그러나 참하느님은 미래의 환상이 아닌 매일의 구체적인 현실에서 사는 법을 알려 주십니다. 오늘과 내일 그리고 모레를 거쳐 미래로 나아가는 거니까요. 이것이 바로 하느님의 실제성과 우상의 허상성의 차이입니다.

이에 저는 오늘 여러분이 다음과 같이 생각해 보시길 바랍니다. "나에겐 얼마나 많은 우상들이 있는가? 나에게 가장 치명적인 우상은 무엇인가?" 왜냐하면 자신의 우상 숭배를 인정하는 것이야말로 은총의 시작이자, 그분 사랑의 길로 발을 내딛는 것이기 때문입니다. 사실 사랑과 우상 숭배는 양립이 불가하니까요. 만약 무언가가 절대적이고 결코 넘볼 수 없는 것(우상)이 되면 그것이 배우자나 자녀 혹은 친구보다 더 중요해지기 때문입니다.

어떤 사물이나 생각에 대한 집착은 맹목적인 사랑으로 이끕니다. 이렇게 우상을 따르다 보면 우리는 심지어 아버지나 어머니, 자식이나 배우자, 가족 혹은 그 밖의 소중한 것들마저 부정하게 될 수도 있습니다. 어떤 사물이나 생각, 사상에 대한 집착은 눈먼 사랑으로 이끕니다.

그러므로 이 점을 마음속에 꼭 새기시길 바랍니다. 우상은 우리에게서 참사랑을 훔쳐 가고 맹목적인 사랑으로 우리를 이끕니다. 이에 참으로 사랑하기 위해서는 온갖 우상으로부터 자유로워질 필요가 있습니다.

나의 우상은 무엇입니까? 찾아 창밖으로 내던집시다!

❖ 그 누구보다도 먼저 저 자신에게 해 주고 싶은 말이네요. 단순히 카드 점이나 신점을 보지 않는다 해서 '난 우상 숭배를 하지 않아.'라고 자부할 것이 아니라, 오히려 하느님의 이름으로 이래저래 내 생각들을 절대시하고 있었던 건 아닌가 하고요.

'못 배운 이들의 무지보다, 배운 이들의 억지가 더 무섭다.'고 하죠. 대놓고 이교, 이방 신들 앞에 머리를 조아리는 것보다 교묘히 하느님의 뜻을 내세워 아집을 부리는 것이 가장 치명적인 우상일 테니 말입니다.

이 우상 숭배는 설명해 주고 알려 준다고 해결될 문제가 아니라,

스스로 진정 깨달아야만 털고 나올 수 있습니다. 그러므로 매일은 아니더라도 가끔씩 (자신이 신앙인이라는 전제하에서) 하느님과 단둘이 회담을 해 볼 일입니다. "이러저러한 생각을 당신의 뜻이라 목소리 높였는데 정말 합당한 거였나요?"라고요.

아울러 모든 성물을 통해 하느님에 이르지 않는다면 모두 우상, 아니 우리가 성물을 우상으로 만드는 셈입니다. 예를 들어 운전하기 전 성호경 한 번 긋지 않으면서, 정작 기도 한 번 하지 않으면서 차 안의 십자가가 무슨 마법처럼 나를 보호해 줄 것이라 믿는다면 본의 아니게 십자가를 부적으로 만드는 거죠. 모든 성물은 그 자체가 거룩한 것이 아니라, 언제나 도구로서 하느님을 기억하게 만드는 것이어야 하니까요.

오늘처럼 하느님이 필요한 날은 없었다

내가 너에게 말한다, 일어나라!

 2018년 7월 1일
연중 13주일 삼종 훈화

사랑하는 형제자매 여러분, 이 복음은 예수님께서 행하신 두 가지 기적 사화를 전합니다. 이는 생명을 향한 일종의 개선 행진으로 묘사할 수 있습니다. 복음사가는 제일 먼저 회당장 중 하나였던 야이로에 대하여 전합니다. 그는 예수님을 찾아와 자신의 집으로 가 주십사고 청했죠. 자신의 열 살 된 딸이 죽어 가고 있었으니까요. 이에 예수님은 그 청을 받아들여 그와 함께 가시죠. 그런데 예수님이 가시던 도중 소녀가 죽었다는 소식이 전해집니다. 우리는 야이로의 반응을 상상해 볼 수 있습니다. 그런데 예수님은 이렇게 말씀하십니다. "두려워하지 말고 믿기만 하여라."(마르 5,36)

야이로의 집에 도착하신 예수님은 울고 있던 사람들을 밖으로 나가게 하십니다. 그곳에는 큰 소리로 울며 탄식하는 여인들이 있었으니까요. 그런 다음, 그분은 딸의 부모와 세 제자들만 데리고 방으로 들어가십니다. 그리고 이미 죽은 소녀에게 말씀하시죠. "소녀야, 내가 너에게 말한다. 일어나라!"(마르 5,41) 그러자 그 소녀는 마치 깊은 잠에서 깨어나듯이 곧바로 일어났습니다.

그런데 마르코는 이 기적 사화에 또 다른 이야기를 덧붙입니다. 바로 하혈병을 앓던 여인의 치유 이야기죠. 그녀는 예수님의 옷자락에 손을 대자마자 병이 나았습니다. 이 부분에서 우리는 여인의 믿음이 그 기적을 이끌어 내었다는 사실을 알 수 있습니다. 그래서 저는 여기서 '훔쳤다'는 표현을 쓰고 싶네요. 사실 그리스도 안에 있는 신성한 구원의 권능이 당신에게서 나간 것을 알아차리신 예수님은 누가 그리했는지 찾으셨거든요. 이에 그 여인은 두려워 떨며 앞으로 나와 모든 것을 아룁니다. 그러자 예수님은 이렇게 말씀하시죠. "딸아, 네 믿음이 너를 구원하였다."(마르 5,34)

이는 같은 주제를 다룬 두 가지 이야기입니다. 바로 '믿음'에 관한 이야기죠. 이 이야기들은 예수님께서 생명의 원천이시며, 당신을 온전히 신뢰하는 이들에게 생명을 되돌려 주시는 분임을 알려 줍니다. 따라서 두 명의 주인공, 곧 소녀의 아버지와 병을 앓던 여인은 비록 예수님의 제자는 아니었지만 믿음 덕에 예수님의 응답을 얻게 되었습니다. 이를 통해서 우리는 주님의 길 위에서는 모든 것이 받아들여진다는 점을 이해할 수 있습니다. 그 누구도 자신이 불청객이나 제외자, 예외자라고 느껴서는 안 되는 거죠.

예수님의 마음에 다가가기 위해서는 단 하나의 요구 사항이 있을 뿐입니다. 바로 치유가 필요하다는 것을 인정하고 그분을 믿는 것입니다. 이에 여러분께 묻겠습니다. 여러분 각자는 자신이 치유가 필요하다는 것을 느끼시나요? 어떤 사안이든, 죄악이든, 문제든지 간에 말입니다. 그리고 만약 이것을 느끼신다면, 여러분은 예수님께 믿음을 두고 있나요? 이것들이 바로 치유받고, 그분의 마음에 다가가기 위한 두 가지 필수 조건입니다. 치유의 필요성을 느끼고 그분께 믿음을 두는 것 말입니다.

예수님은 군중 사이로 이런 이들을 찾으러 가십니다. 그리고 익명의 그늘을 끄집어내 삶과 도전에 대한 두려움으로부터 자유롭게 해 주시죠. 그분은 많은 고난과 굴욕을 당한 그들을 당신의 관심과 말씀으로 각자의 인생 여정으로 되돌아가도록 해 주십니다. 아울러 우리도 도움이 필요하고, 살고자 애쓰는 이들에게 자유롭게 하는 말들을 건네고, 그들을 회복시키는 관심과 시선을 내어 줄 수 있도록 예수님을 따라 하면서 그 방법을 익히라고 부르심을 받았습니다.

따라서 오늘 복음은 예수님께서 모두에게 주시고자 하신 새 생명과 믿음이라는 주제가 얽혀 있습니다. 소녀가 죽어 누워 있는 집으로 들어가신 예수님은 울며 애통해하는 이들을 밖으로 쫓으시며 말씀하십니다. "저 아이는 죽은 것이 아니라 자고 있다."⁽마르 5,39⁾ 왜냐하면 예수님은 주님이시고, 그분 앞에서 육체적 죽음은 그저 잠과 같으니까요. 그러므로 절망할 까닭이 없습니다. 오히려 우리가 두려워해야 하는 죽음은 바로 악에 대한 무감각한 마음입니다! 우리는 이것을 두려워해야만 합니다. 마음이 완고해지고 무감각해질 때를 가리켜 저는 '미라화된 마음', '박제화된 마음'이라고 부르는데요. 우리는 바로 이것을 두려워해야만 합니다. 이것은 마음과 영혼의 죽음이니까요.

하지만 이러한 죄악이나 미라화된 마음조차도 예수님께는 결코 마지막이 아닙니다. 그분은 우리에게 아버지의 무한한 자비를 가져다주시기 때문입니다. 설령 우리가 쓰러지더라도 그분은 자애롭고 힘 있는 목소리로 우리에게 말씀하십니다. "내가 너에게 말한다. 일어나라!" 우리 각자에게 하시는 예수님의 이 말씀을 알아듣는 것은 얼마나 아름다운 일인지요! "내가 너에게 말한다. 일어나라! 가거라! 일어나라, 용기를 갖고 일어나라!" 아울러 이렇게 예수님은 소녀와 여인에게 생명을 돌려주셨습니다. 생명과 믿음 둘 다를 말입니다.

이에 동정 마리아께 우리의 믿음과 구체적 사랑의 여정에 함께해 주시길 청합시다. 특별히 도움을 필요로 하는 이들에게 우리가 도움을 줄 수 있도록 말입니다. 아울러 육체적·정신적으로 고통받는 우리 형제자매들을 위해 성모님의 자모적 전구를 간구하도록 합시다.

❖ 병원에 가 보면 압니다. 가장 치료하기 어려운 사람은 자신이 환자라는 걸 인정하지 않는 이라는 것을 말이죠. 이들에게 의사의 치료와 처방은 그저 쓸데없는 짓이고, 약도 약으로 받아먹는 것이 아니라 그저 쓰디쓴 독처럼 여길 뿐입니다. 그런데 정말 묘하게 "아휴 써, 독 같

아."라고 투덜거리며 먹는 약은 정말 독이 되는 법입니다. 하기야 자신이 '쓸데없는 짓'이라 여기는데 뭔들 쓸모 있게 될까요?

그러므로 제일 먼저 우리가 할 일은 솔직해지는 일입니다. 사실 이 핑계, 저 이유로 여전히 감추고 꾸민다는 것, 어쩌면 그 수많은 죄와 악행 중에 바로 이 '발뺌'이야말로 가장 치명적이고도 근원적인 고질병입니다. 말이야 바른말로 '환자'라고 인정해야 '치유'를 해 주고, '죄인'이라 통감해야 '용서'를 하든 말든 하지 않겠습니까. 죄인임은 인정하지도 않으면서 용서는 왜 안 해 주느냐고 따지는 건 대략 난감할 따름입니다.

오늘처럼 하느님이 필요한 날은 없었다

우리의 신앙은 '동사'입니다

2018년 1월 6일
주님 공현 대축일 미사 강론

동방 박사의 세 가지 몸짓은 오늘 모든 민족을 위한 빛이자 구원으로 드러나신 주님께로 우리의 여정을 이끕니다. 곧, 동방 박사들은 '별을 바라보았고, 여정의 길을 걸었으며, 예물을 드렸습니다.'

'별을 바라본다'는 것이 바로 출발점입니다. 그런데 왜 오직 동방 박사들만이 별을 바라보았을까요? 그건 아마도 소수의 사람만이 고개를 들어 하늘을 바라보기 때문일 겁니다. 사실 우리는 종종 땅을 바라보는 것만으로 만족하니까요. 그러니까 건강이나 돈, 얼마간의 흥미 따위로 충분한 거죠. 이에 저는 이렇게 물어봅니다. "우리는 고개를 들어 하늘을 바라볼 줄 아는가? 우리는 하느님을 꿈꾸고 기대하는 법을 알고 있는가? 그분의 새로움을 기다리며 바람에 흔들리는 나뭇가지와 같이 그분에게 삶을 변화시켜 주십사고 내어 맡길 줄 아는가?" 그런 점에서 동방 박사들은 그냥 흘러가는 대로 사는 삶에 만족하지 않았습니다. 그들은 진짜 삶을 살기 위해서는 보다 고귀한 목표가 있어야 함을 느꼈던 겁니다. 바로 그래서 고개를 들어 위를 바라봐야 함을 알았던 것입니다.

하지만 여전히 의문이 남습니다. 고개를 들어 하늘을 바라보는 이들 중에서도 왜 많은 이가 '그분의 별'을 따르지 않을까요? 그건 아마도 그 별이 다른 것들보다 더 눈에 반짝이는 별이 아니기 때문일 겁니다. 복음서에 따르면 그 별은 동방 박사들이 동방에서 이미 '봤던' 별이었을 뿐이니까요(마태 2,9 참조). 예수님의 별은 눈을 멀게 하거나 정신을 잃게 할 정도로 거칠고 강렬하지 않습니다. 그 대신 부드럽게 초대하는 별이죠. 따라서 우리는 삶 속에서 어떤 별을 선택해야 할지 자신에게 스스로 물어볼 수 있습니다. 물론 강렬한 인상을 남기는 눈부신 별들이 있습니다. 그러나 그것들이 여정을 이끌어 주지는 못합니다. 예를 들면 인생의 목적으로 추구되는 성공, 돈, 경력과 명예, 흥밋거리입니다. 이것들은 스쳐 가는 별똥별일 뿐이니까요. 잠깐 환히 빛나기는 하지만 이내 곧 그 빛을 잃으며 사라지고 말죠. 이것들은 추락하는 별들로, 길을 알려 주는 것이 아니라 오히려 혼란하게 만듭니다. 이에 반해 주님의 별은 늘 눈부신 것은 아니지만 언제나 거기에 있습니다. 은은하게 삶 속에서 우리의 손을 이끌며 함께합니다. 아울러 이 별은 물질적인 보상을 약속하지 않지만 평화를 보장하며, 동방 박사들에게 그랬듯이 '더 없는 기쁨'(마태 2,10 참조)을 줍니다. 그리고 길을 나설 것을 요구하죠.

동방 박사들의 두 번째 행위인 '여정의 길을 걷는다'는 것은 예수님을 뵙기 위한 아주 본질적인 행위입니다. 그분의 별은 길을 나설 결단과 그 여정에서 매일 노력할 것을 명하시니까요. 더불어 여정에 방해가 되는 불필요한 짐과 번거로운 사치를 치우고 평온하고 정적인, 삶의 지도에는 표시되지 않은 예상치 못한 일들을 받아들일 것을 요청하시죠. 예수님은 당신을 찾는 모든 이에게 당신을 만날 수 있도록 해 주십니다. 다만 그분을 찾기 위해서는 우리가 길을 나서고 움직여야만 합니다.

그분을 뵈려면 기다리지 말고 위험을 감수하십시오! 가만히 멈추어 있지 말고 앞으로 나아가야죠! 예수님은 당신을 찾고자 하는 이들에게 세상의 편안함이라는 안락의자와 자신만의 안전 보장이라는 개인 벽난로의 온기에서 벗어날 것을 제안하십니다. 사실 예수님을 따른다는 것은 단순히 존경받을 만한 의전이 아니라 제대로 살기 위한 탈출의 출발이니까요. 이집트 탈출 사건을 통하여 당신의 백성을 해방시키시고, 당신의 별을 따르게 함으로써 새로운 백성을 부르신 하느님은 오직 그 여정 중에 자유를 선사하시며 기쁨을 나누어 주십니다. 달리 말하자면, 예수님을 뵙기 위해서는 이러저러한 일에 엮일 수도 있다는 두려움을 떨쳐 내야 합니다. 지금 있는 곳이 도착지라는 만족감과 삶에 안주하려는 나태함에서 벗어나야 합니다. 아기 예수님을 만나기 위해서는 위험을 감수할 필요가 있습니다. 이것은 그럴만한 가치가 있는 일이죠. 왜냐하면 아기 예수님을 만나고, 그분의 상냥함과 사랑을 발견함으로써 우리는 우리 자신을 되찾을 것이기 때문입니다.

그렇다 하더라도 길을 나선다는 것은 쉽지 않습니다. 이에 복음은 여러 인물을 통해 이를 보여 줍니다. 우선 헤로데가 있습니다. 그는 자신의 권력을 위협하는 왕의 탄생을 두려워하며 불안해합니다. 그래서 모임을 소집하고 정보를 모으기 위해 사람들을 파견합니다. 하지만 정작 그 자신은 움직이지 않습니다. 문을 닫아걸고 궁 안에 머물러 있었을 뿐이었죠. 더불어 '온 예루살렘'도 두려워했습니다(마태 2,3 참조). 바로 하느님 소식에 대한 두려움이었죠. 사람들은 모든 것이 처음의 모습 그대로 있는 것을 선호합니다. 언제나 그랬던 것처럼 말입니다. 그래서 아무도 길을 나설 용기가 없었습니다. 사제들과 율법 학자는 더욱 미묘한 유혹을 받았죠. 그들은 분명 아기가 태어날 장소를 알고 있었고, 고대 예언서를 인용하여 그것을 헤로데에게 알려 주었습니다. 그들 역시 알고는 있었으나 베들레헴을 향해 걸음을 옮기지는 않았죠. 어느 정도 믿음이 있더라도 유혹을 받은 이들은 이러한 태도를 취합니다. 알지만 행하지 않는 것, 곧 이미 알고 있는 것들로 신앙을 말하지만, 정작 주님을 위해 개인적으로 엮이기는 싫은 셈이죠. 말은 하지만 기도하지는 않는 겁니다. 안 좋은 일에 대해 불평만 할 뿐, 좋은 일은 하지 않는 거죠.

이에 반해 동방 박사들은 말은 적게 했지만, 많은 행동을 했습니다. 그리고 보면 신앙의 진리는 모를지언정, 복음의 '동사'들이 전해 주는 바와 같이 잘 모르는 것을 열망하며 찾아 나서는 이들이 있습니다. 동방 박사들은 '그분께 경배하러 왔고'(마태 2,2 참조) '길을 떠나, 들어가, 엎드리고, 돌아갔습니다.'(마태 2,9-12 참조) 그들은 계속해서 움직이고 있었던 겁니다.

다음으로는 '예물을 드리다'입니다. 긴 여정 후 예수님께 다다른 동방 박사들은 그분과 같이 행동했습니다. 바로 '선사하는 것'입니다. 예수님은 생명을 선사하기 위해 거기에 계시니까요. 그래서 그들은 자신의 예물인 황금과 유향, 몰약을 드렸습니다. 그러고 보면 복음은 삶의 여정이 누군가를 위한 선물로 이어질 때 비로소 현실이 됩니다. 주님을 위해 그 어떤 대가도 바라지 않고 무상으로 내어 주는 것, 이것이 예수님을 만났다는 확실한 징표입니다. 그분은 이렇게 말씀하셨습니다. "너희가 거저 받았으니 거저 주어라."(마태 10,8) 따라서 계산 없이 우리는 선행을 베풀어야 합니다. 설령 아무도 청하지 않더라도, 비록 아무것도 얻는 게 없고, 심지어 우리를 좋아하지 않더라도 말입니다. 하느님이 이렇게 원하십니다. 그분은 우리를 위해 작아지셨기에 당신의 보다 작은 형제들을 위해 우리에게 무언가 내어 주기를 청하십니다.

자, 그렇다면 작은 형제들이란 누구일까요? 바로 우리의 선행에 보답할 수 없는 이들이죠. 도움이 필요하고 굶주린 나그네와 보살핌이 필요한 이와 가난한 이입니다(마태 25,31-46 참조). 따라서 예수님께 예물을 드린다는 것은 아픈 이를 돌보고, 어려운 이를 위해 시간을 낸다는 것입니다. 이는 우리의 관심을 끌지 못하는 누군가를 돕는다는 것이며, 우리를 화나게 한 이에게 용서를 베푸는 일이죠. 이러한 것들이 예수님께 드리는 예물이며, 그리스도인의 삶에서 결코 제외될 수 없는 것들입니다. 그렇지 않으면 예수님은 우리에게 이렇게 상기해 주실 것입니다. 만약 우리가 우리를 사랑하는 이들만 사랑한다면 그것은 우리가 이교도처럼 행동하는 것이라고 말입니다(마태 5,46-47 참조).

그러므로 사랑이 텅 빈 우리의 손을 자주 바라봅시다. 바로 오늘, 대가를 받을 수 없지만 우리가 내어 줄 수 있는 선물에 대해 생각해 봅시다. 분명 이것은 주님을 기쁘게 할 예물이 될 것입니다. 더불어 그분께 청합시다. "주님, 저에게 '주는 기쁨'을 알려 주십시오."라고 말입니다. 사랑하는 형제자매 여러분, 우리 모두 동방 박사처럼 살아 봅시다. 높은 곳을 바라보며 길을 나서 여정에 올라 대가 없이 선물을 내어 주는 삶 말입니다.

❖ 사람인 우리에게 모든 의미는 결코 정적이고 단적일 수만은 없습니다. 언제나 '나'와 그 '무엇'이라는 관계성이 전제될 테니까요. 따라서 우리에게 진정한 의미는 이념이나 개념으로서의 명사가 아니라, '우리가 어찌했는지, 무엇을 했는지'라는 동사일 겁니다. 그리고 이런 맥락에서 모든 의미와 사랑은 동사입니다. 우리의 삶은 머릿속의 공식으로 사는 것이 아니라, 지금 이 땅에서 좌충우돌하더라도 살아 내는 것이어야 하니까요.

오늘처럼 하느님이 필요한 날은 없었다

버리고 떠나기
−습관적이고 나태한 종교성

2018년 1월 14일
연중 2주일 삼종 훈화

　사랑하는 형제자매 여러분, 주님 공현 대축일과 주님 세례 축일에 이어 오늘 복음도 주님의 드러나심이라는 주제를 전해 줍니다. 이번에는 요한 세례자가 등장해 자신의 제자들에게 그분을 '하느님의 어린양'이라고 알려 줍니다. 그러면서 그들에게 그분을 따라가라고 합니다. 그런데 이것은 바로 우리를 위한 것이기도 하죠. 왜냐하면 우리는 성탄의 신비 속에서 묵상했던 그분을 이제는 일상의 삶으로 따르라는 부르심을 받았기 때문입니다. 오늘 복음은 우리에게 전례력상 연중 시기의 의미를 잘 알려 줍니다. 평범한 삶 속에서 우리의 신앙 여정을 구체화하고 확인하는 시기가 곧 연중 시기니까요. 따라서 이 시기에 우리는 주님의 공현과 그에 대한 따름 사이에, 다시 말해 그분의 드러나심과 부르심 사이에서 추동하는 역동적인 상황에 있는 셈이죠.

복음이 전하는 이야기는 이러한 신앙 여정의 본질적 특성을 나타냅니다. 신앙의 '여정'은 그분 제자들의 여정이자, 바로 우리의 여정이기도 하죠. 사실 요한 세례자가 보낸 두 제자에게 예수님은 다음과 같이 물으셨습니다. 그리고 그들은 그분을 따르죠. "무엇을 찾느냐?"(요한 1,38) 그런데 이와 똑같은 질문이 부활의 아침에도 있었습니다. 바로 마리아 막달레나에게 묻는 질문이었죠. "여인아, 누구를 찾느냐?"(요한 20,15 참조) 사실 그러고 보면 우리 모두는 인간으로서 늘 무언가를 찾는 존재입니다. 행복을 찾고, 사랑을 찾고, 좋은 삶과 충만한 생명을 찾죠. 아버지 하느님은 이 모든 것을 당신의 아드님인 예수님 안에서 우리에게 주셨습니다. 그리고 이러한 삶을 탐구할 때 참된 증인의 역할은 매우 중요합니다. 곧, 주님을 먼저 만나고, 그 여정을 이미 시작한 이들의 역할이 매우 중요한 거죠. 오늘 복음에서는 요한 세례자가 바로 그 증인입니다.

  이러한 이유로 제자들은 예수님께로 향할 수 있었고, 다음과 같은 말을 들으며 새로운 체험을 합니다. "와서 보아라."(요한 1,39) 한데 이 두 사람은 예수님과 마주쳤을 때 강렬한 인상을 받았고, 이에 복음사가는 만남의 시간까지도 적어 놓습니다. "때는 오후 네 시쯤이었다."(요한 1,39) 오직 예수님과의 개인적인 만남만이 신앙의 여정으로 이끌어 주고, 예수님의 제자가 되도록 인도합니다. 물론 우리는 많은 것을 경험하고 실현하며 많은 사람과 여러 관계를 맺을 수도 있습니다. 하지만 오직 하느님이 아시는 그때에 예수님과의 약속을 통해서만 우리의 삶에 충만한 의미가 주어지며, 우리의 계획과 모험에 결실이 맺어질 것입니다. 따라서 하나의 하느님상을 구축하거나, 그저 남의 말을 듣는 것만으로는 충분치 않습니다. 거룩한 주님을 찾아 나서고, 그분이 어디에 계시는지 찾아 나설 필요가 있습니다.

  그러므로 예수님을 향한 "어디에 묵고 계십니까?"(요한 1,38)라는 두 제자의 질문은 매우 강렬한 영성적 의미를 지니고 있습니다. 왜냐하면 이 질문은 그분과 함께 머물기 위해 스승님께서 어디에 머무시는지 간절히 알기를 원하는 바람을 표현한 것이니까요. 신앙의 삶은 주님과 함께 머물고 싶다는 바람 속에 있습니다. 하여 계속해서 그분이 어디에 머무르시는지를 찾을 수밖에 없죠. 이것은 우리가 습관적이고 나태한 종교성을 극복하도록 부르심받았음을 의미합니다. 기도를 드리고 하느님 말씀을 묵상하며 성사에 참여함으로써 예수님과 만나며 습관적이고 나태한 종교성을 치워 없애야 합니다. 그분과 함께 머물고, 그분의 도움과 은총에 감사하며, 열매를 맺기 위해서 말입니다.

예수님을 찾고, 그분을 만나서 따르는 것, 이것이 바로 신앙의 여정입니다.

동정 마리아께 예수님을 따르고자 하는 우리를 도와주시기를 청합니다. 우리가 그분이 계신 곳으로 찾아가 그곳에 머물고, 그분 생명의 말씀을 경청하고, 세상의 죄를 없애시는 그분께 헌신하여, 그분 안에서 희망과 영적 도약을 할 수 있도록 도와주시길 바랍니다.

❖ 신앙인이라고 하면서 아무것도 변하지 않기를 바라며 현재에 충분히 만족한다면, 분명 뭔가 이상한 겁니다. 참된 그리스도인이라면 결코 지금 이곳만이 전부가 아닐 테니까요. 다른 한편, 무언가 불만스럽

고 부족함을 느낀다면, 그저 욕심이려니 생각하고 넘길 일만도 아닙니다. 오히려 그 부족함을 느끼는 바로 그 감성이 주님을 찾게 하는 계기가 될지도 모르니까요.

오늘처럼 하느님이 필요한 날은 없었다

돌들이 소리 지르기 전에 목소리를 높이십시오

2018년 3월 25일
주님 수난 성지 주일 미사 강론

오늘 예수님은 예루살렘에 입성하십니다. 오늘 전례는 우리 역시 주님을 향해 환호하고 찬양했던 당시 백성들의 기쁨과 축제에 함께하자고 초대합니다.

하지만 이들의 기쁨은 주님 수난에 대한 이야기를 들은 뒤 이내 몹시 씁쓸한 슬픔으로 퇴색되어 버렸죠. 이에 오늘 전례에서는 제자들의 기쁨과 고통이 보입니다. 아울러 우리가 일상에서 겪는 성공과 실수가 교차되는 모습도 볼 수 있죠. 사실 이 시대를 살고 있는 우리 모두에게도 이러한 감정의 꼬임과 모순이 종종 엿보이니까요. 우리는 많은 것을 사랑할 수도 있지만, 다른 한편으로 끔찍하게 증오할 수도 있습니다. 우리는 용감하게 희생할 수도 있지만, 아울러 적당한 때에 '손을 터는' 법도 알고 있습니다. 네, 우리는 신실할 수도 있지만, 한편으로 중대한 배신과 포기도 할 수 있는 존재죠. 그리고 우리는 모든 복음 이야기 속에서 예수님이 주셨던 기쁨이 누군가에게는 성가시고 짜증 나는 일이었음을 분명히 볼 수 있습니다.

오늘 예수님은 떠들썩한 환호와 찬양에 둘러싸여서 당신 백성으로 가득 찬 도시에 들어가셨습니다. 우리는 쉽게 상상해 볼 수 있죠. 용서받은 이들의 환호와 치유받은 나병 환자의 외침, 성문 입구의 양 떼에서 벗어난 양의 울음소리 등 모든 것을 말입니다. 여기에는 세리와 부정한 이들의 노래와 도시의 변방에서 살던 이들의 외침이 있습니다. 더불어 자신들의 고통과 슬픔에 대한 주님의 연민을 체험하여 그분을 따라온 이들의 외침도 있었죠. 이러한 외침은 소외된 이들이 예수님께 감동받아 자발적으로 부르는 기쁜 노래였습니다. 그들은 이렇게 소리쳤습니다. "주님의 이름으로 오시는 분은 찬미받으소서!" 자신의 존엄성과 희망을 회복시켜 주신 그분께 어떻게 찬양드리지 않을 수 있을까요? 이러한 환호는 신뢰와 희망을 되찾은 용서받은 죄인들의 기쁨입니다.

그런데 이러한 떠들썩한 기쁨의 환호가 자신을 의롭고 율법과 의례에 충실하다고 여기는 이들에게는 불편하고 터무니없는 추문거리가 되었습니다. 평소 슬픔과 고통, 불행 앞에서 감정이 억눌려 있던 이들의 참을 수 없는 기쁨이 말입니다. 그래서 그들 중 많은 이가 이렇게 생각했죠. '어휴, 저 못 배워 먹은 것들 좀 보라지!' 하지만 이 기쁨은 많은 기회를 놓쳐야만 했던 이들이 얻게 된, 결코 빼앗을 수도 빼앗길 수도 없는 기쁨이었죠. 자신을 의롭다고 여기며 안주하는 이들이 하느님 자비의 축제와 기쁨을 알아내기란 매우 어렵습니다. 오직 자신의 힘만을 믿으며 남들 위에 군림하려는 이들과 이러한 기쁨을 나누기란 어려운 일입니다.

그래서 이러한 환호 소리에 감동받지 못한 이들은 이렇게 외칩니다. "십자가에 못 박으시오!" 하지만 이 외침만 있었던 것이 아니었죠. 이 외침을 꾸미는 경멸과 비방, 거짓 증언들이 있었죠. 이것은 사실에서가 아니라 거짓 증언들을 통해 터져 나온 외침이었습니다. 이것은 자신들의 이익을 위해 현실을 조작하고 왜곡하며, 자신들이 살기 위해서 남들을 모함

하는 것에 아무런 거리낌이 없는 이들의 외침이었습니다. 이는 자신을 강화하고 반대 의견을 묵살하기 위해 물불을 가리지 않으며 부끄러움을 모르는 이들의 외침이었습니다. 예수님의 얼굴에 먹칠을 하는 방식으로 현실을 조작해 그분을 범죄자로 만든 이들의 아우성이었던 것입니다. 그러므로 이것은 자신의 자리를 지키고자 타인, 특히 스스로 방어할 수 없는 이들을 깎아내리는 이들의 소리입니다. 다시 말해 이는 자기만족과 자만 그리고 오만한 이들의 '음모'로 점철된 아우성이었죠. 그래서 아무 거리낌 없이 "십자가에 못 박으시오. 십자가에 못 박으시오."라고 외칠 수 있었던 겁니다.

결국 백성들의 축제는 끝나고 희망은 깨어졌으며 꿈은 말살되었습니다. 기쁨은 철회되었죠. 끝내 마음은 멀어지고 사랑은 싸늘하게 식어 버렸습니다. 이로 인해 연대를 버리고, 이상을 포기하며, 더 이상 남을 살피지 않으려는 마음은 "너 자신이나 구해 보아라."라는 외침으로 터져 나옵니다. 이는 '함께 고통스러워한다'는 연민과 동정을 지우려는 외침입니다. 하느님의 가장 큰 약점이기도 한 이 '연민과 동정'을 말입니다.

따라서 이러한 아우성에 대한 가장 좋은 해독제는 그리스도의 십자가를 바라보며 그분의 마지막 외침에 집중하는 것입니다. 그리스도는 우리 모두를 향한 당신의 사랑을 울부짖으며 돌아가셨으니까요. 젊은이든 노인이든 성인이든 죄인이든 상관없이 말입니다. 그것도 당시 사람들뿐만 아니라 오늘날의 사람들에게까지 말이죠. 우리는 그분의 십자가를 통해 그 누구도 복음의 기쁨을 없애지 못하도록 구원받았습니다. 그 무엇도 아버지 하느님의 자비로운 시선에서 우리를 멀리 떨어뜨려 놓을 수는 없으니까요. 그러므로 십자가를 바라본다는 것은 우리 안에서 선택과 행위에 대해 그분의 의견을 구한다는 뜻입니다. 이것은 어려움을 겪고 있거나 어렵게 살고 있는 이들에게 우리의 마음 씀씀이를 돌리는 것을 뜻합니다.

형제자매 여러분, 우리 마음은 지금 무엇을 보고 있습니까? 우리 마음에서 예수님은 여전히 기쁨과 찬양의 근원이신가요? 아니면, 죄인들과 가장 낮은 이들 그리고 잊힌 이들에 대한 그분의 우선권이 우리를 부끄럽게 만드나요?

사랑하는 젊은이 여러분, 예수님께서 여러분 안에 만들어 주시는 기쁨이 어떤 이들에게는 성가심과 골칫거리의 원인이 되기도 합니다. 왜냐하면 기쁨에 찬 젊은이는 조종하기 힘들기 때문입니다. 네, 기뻐하는 젊은이를 속이기란 어려운 일입니다! 그래서 여기에는 제3의 외침도 있었습니다. 몇몇 바리사이가 군중 속에서 이렇게 말했죠. "스승님 제자들을 꾸짖으십시오."(루카 19,39) 이것은 "스승님, 이 젊은이들을 꾸짖으십시오."라는 말입니다. 그러자 주님이 대답하시죠. "내가 너희에게 말한다. 이들이 잠자코 있으면 돌들이 소리 지를 것이다."(루카 19,40)

젊은이들의 입을 다물게 하려는 시도는 언제나 있어 왔습니다. 그런데 앞에서는 거짓 선동을 하던 그 바리사이들이 이번에는 예수님께 그들을 진정시키고 조용하게 만들라고 요구하고 있습니다. 젊은이들의 입을 다물게 하고 눈에 띄지 않게 하는 방법은 여러 가지가 있습니다. 그들이 더 이상 소란을 일으키지 않도록 마취시키고 잠자게 하는 방법은 많습니다. 더 이상 질문하지도, 토론하지도 못하게 하는 거죠. "너희는 입 다물어."라고 말입니다. 그들이 더 이상 꿈에 관심 갖지 않고, 더 이상 저 높은 곳을 꿈꾸지 않으며 그저 현실적인 공상이나 환상, 그리고 슬픔에 얽매이도록 말입니다.

성지 주일을 맞아, 세계 청년 대회를 기념하며 예수님께서 바리사이들에게 하셨던 대답을 귀담아듣는 것이 좋을 듯

합니다. 이 말씀은 과거는 물론, 오늘날에도 유효한 말씀이니까요.

"이들이 잠자코 있으면 돌들이 소리 지를 것이다."(루카 19,40)

사랑하는 젊은이 여러분, 바로 여러분이 어떤 외침을 할 것인지가 중요합니다. 저 금요일의 "십자가에 못 박으시오."라는 외침이 아니라, 주일의 '호산나'를 외치도록 결정하십시오. 여러분은 입 다물고 있어서는 안 됩니다! 부패한 사람들에게 책임을 물어야 할 우리가 입을 다물고 침묵한다면, 그리하여 세상이 입을 다물고 기쁨을 잃는다면, 여러분은 목소리를 높이시겠습니까? 부디 부탁드립니다. 돌들이 소리 지르기 전에 부디 결정하시기 바랍니다!

돌들이 소리 지르기 전에 목소리를 높이십시오

제3장

우리는 같이
잘 살 수 있습니다

우주에서 길을 묻다

2017년 10월 26일
국제 우주 정거장의 우주 비행사들과 가진 대담

[교황님] 모두 안녕하세요.

[네스폴리 박사] 교황님, 안녕하십니까. 저희 국제 우주 정거장에 오신 걸 환영합니다.

[교황님] 좋은 아침 혹은 좋은 저녁이겠네요. 우주에 있으면 낮인지 밤인지 잘 모르니까요. 친애하는 네스폴리 박사님과 우주 비행사 여러분, 제가 생각하기에 우주 정거장에서

보내는 일상은 이곳과는 다르게 흘러갈 것 같은데, 그렇겠죠? 여러분과의 교신을 위해 이렇게 자리를 마련해 주신 분들께 감사드립니다. 여러분과 만나 몇몇 의문들에 대해 대화를 나눌 수 있는 기회가 생겼군요.

그럼, 첫 번째 질문부터 바로 시작해 볼까요.

천문학은 우주의 무한한 지평을 바라보게 합니다. 그러면서 우리에게 질문을 던지죠. "우리는 어디에서 와서, 어디로 가는가?" 그래서 네스폴리 박사님께 여쭙니다. 우주에서의 체험을 바탕으로 볼 때, 우주에서 인간의 자리는 어디쯤인 것 같나요?

[네스폴리 박사] 교황님, 이 질문은 매우 복잡한데요. 우선 저는 과학자이자 기술자로서 실험하고 기기들을 조작할 때 편안함을 느낍니다. 하지만 보다 내면적인 것들, 이를테면 "우리는 어디에서 왔는가?"에 대해서 말하기에는 매우 당혹스럽습니다. 이것은 매우 미묘한 주제니까요. 제 생각에, 이곳에서의 저희 임무는 우리의 존재를 알아가는 것이 아닐까 합니다. 우리 주위에 무엇이 있는지 이해하기 위한 지식을 쌓으면서 말이죠.

아울러 지구 밖의 우주에 있어 보는 것은 또 다른 의미가 있는데요. 왜냐하면 우주를 알아 가면 갈수록 실상 우리 인간은 아주 조금밖에 모르고 있다는 것을 깨닫기 때문입니다. 그래서 저는 교황님이나 신학자, 철학자 혹은 시인이나 작가가 이곳에 와 볼 수 있기를 바랍니다. 분명 조만간 그렇게 될 것이라고 생각합니다. 이곳에서, 이 우주에 인간이 존재한다는 것이 어떤 의미인지 탐구해 보기를 간절히 바라고 있습니다.

[교황님] 참으로 옳은 말씀입니다. 그럼 다음 질문을 드리죠. 제가 지금 있는 이 방에는 단테가 《신곡》을 마무리하며 했던 구절에서 영감을 받아 만든 장식용 벽걸이가 있습니다. '태양과 별들을 움직이는 사랑'(《신곡》 〈천국 편〉 33곡 145행)이라는 구절이죠. 자, 그럼 여러분께 묻겠습니다. 먼저 박사님께서 말씀해 주신 것처럼 여러분은 과학자와 우주 비행사입니다. 그럼 우주를 움직이는 힘으로서 '사랑'을 말하는 것이 여러분에게 어떤 의미가 있을까요?

[네스폴리 박사] 교황님, 이 질문에 대한 답은 제 러시아인 동료인 알렉산드르 미스르킨에 맡기겠습니다.

[알렉산드르 미스르킨] 저는 이곳에서 생텍쥐페리의 《어린 왕자》를 읽고 있습니다. 이 책은 기꺼이 내어 줌, 곧 자신의 삶을 지상의 식물과 동물을 보살피기 위해 내어 주는 이야기라고 생각합니다. 따라서 '사랑'이란 다른 이들에게 기꺼이 제 삶을 나눌 수 있는 능력이라고 생각합니다.

[교황님] 정말 좋은 말씀입니다. 사랑 없이는 진정 제 삶을 누군가를 위해 내어 준다는 게 불가능하니까요. 생텍쥐페리의 메시지를 옳게 이해하신 것 같습니다. 동시에 러시아의 인본주의적이고 종교적인 전통에 이런 메시지가 내재해 있다고 생각합니다. 정말 훌륭하십니다. 감사합니다.

그럼 다음 질문을 해 보겠습니다.[1]

우주를 유영할 때에는 일상생활에서 당연하게 여기던 많은 것을 수정할 필요가 있다고 하던데요. 예를 들면 '위아래'와 같은 개념들 말이죠. 우주 정거장에서 살면서 여러분을 놀라게 하는 것들은 무엇이 있을까요? 더불어 이와는 반대

---

1 이 질문 이후에도 우주 비행사와 교황님의 문답은 계속되었습니다. 하지만 여기서는 우주 비행사의 답변보다 교황님이 어떤 부분을 궁금해하셨는지에 주목하려 하므로 우주 비행사의 답변은 생략하고 교황님의 질문 부분만 남기겠습니다.

로 지상과 다른 그곳에서마저 너무도 명확해서 확실하게 깨닫게 된 것은 무엇인가요?

[교황님] 자, 그럼 여러분이 괜찮으시다면 한 가지만 더 물어보고자 합니다.

오늘날 우리 사회는 매우 개인주의화되었습니다. 하지만 삶이란 본질적으로 서로 도우며 사는 거죠. 제 생각에는 여러분의 임무에 대한 어떤 성과 뒤에는 늘 보이지 않는 노력들이 있을 텐데요. 우주 정거장에서 협력에 대한 중요한 몇 가지 예를 말씀해 주실 수 있을까요?

[교황님] 여러분은 진정 작은 '유리로 만든 성'(이루기 어렵지만 귀한 결과)입니다. 전체는 언제나 부분의 합보다 더 크다는 것을 보여 주니까요. 여러분이 우리에게 주는 표징이 바로 이것입니다.

친애하는 여러분, 대단히 고맙습니다. 저는 여러분을 '우리 형제들'이라고 부르고 싶네요. 왜냐하면 여러분은 우주 정거장이라는 거대한 프로젝트를 통해 모든 인류 가족을 대표하니까요. 저를 더욱 성장시키는 계기가 된 이번 교신에 대해 마음으로부터 깊은 감사를 드립니다. 주님께서 여러분과 여러분의 임무와 가족들을 축복해 주시길 빕니다. 저는 여러분을 위해 기도하겠습니다. 그리고 한 가지 부탁이 있습니다. 여러분도 저를 위해 기도해 주시길 바랍니다.

❖ 때로는 답을 내려 주는 것보다 질문이 더 많은 것을 깨닫게 해 주는 경우가 있습니다. 일반적으로는 교황님이 답을 해 주시지만, 이번에는 반대입니다. 묻고 싶은 것이 많으셨던 것 같습니다. 하지만 그 질문 속에는 '한 걸음 더' 들어가게 만드는 무엇인가가 있습니다. 그동안 우리가 잊고 지냈던 것들에 대해 말이죠.

오늘처럼 하느님이 필요한 날은 없었다

왜 이슬람 테러라고 말하지 않느냐고요?

2016년 7월 31일
폴란드에서 로마로 돌아오는 비행기에서 질의응답

[기자] 교황님, 무엇보다 이냐시오 성인(예수회 창설자)의 축일을 맞아 교황님과 롬바르디 신부님과 스파다로 신부님께 축하 인사를 드립니다. 저는 조금 까다로운 문제에 대하여 질문을 하려고 합니다. 이 일로 프랑스만이 아니라 가톨릭 세계가 충격을 받았는데요. 바로 자크 아멜 신부님이 본당에서 미사 도중 야만적으로 살해당한 사건 때문입니다. 나흘 전 교황님은 이곳에서 저희에게 모든 종교는 평화를 추구한다고 말씀하셨습니다.

하지만 86세의 이 성덕 깊으신 신부님은 이슬람의 이름으로 살해당하셨죠. 교황님, 제가 여쭙고자 하는 것은 다음 두 가지입니다. 교황님은 이러한 폭력 행위에 대해 언제나 테러라고만 말씀하시고, 왜 이슬람과는 연관시키지 않으시죠? 교황님은 결코 '이슬람'이라는 단어를 언급하지 않으셨습니다. 그리고 이러한 명백한 근본주의자들에게 기도와 대화를 제안하는 것뿐만 아니라 이슬람의 이름으로 행해지는 폭력에 대응하기 위한 제안을 하실 의향이 있으십니까?

[교황님] 사실 저는 '이슬람 폭력'이라고 말하는 것이 별로 내키지 않습니다. 왜냐하면 이탈리아에서도 매일 신문을 펼치기만 하면 그런 폭력을 볼 수 있기 때문이죠. 누가 약혼자를 죽였다거나, 시어머니를 살해했다는 등, 이런 사건은 가톨릭 세례를 받은 이들이 저지르는 폭력입니다. 이른바 가톨릭 폭력인 거죠. 따라서 제가 '이슬람 폭력'을 말한다면, 저는 '가톨릭 폭력'도 말해야만 합니다. 하지만 모든 이슬람인이 폭력적인 것도, 모든 가톨릭인이 폭력적인 것도 아닙니다. 마치 과일 샐러드 같은 거죠. 모두가 섞여 있는 겁니다. 또한 종교적인 폭력이 이슬람에게만 있는 것도 아니죠.

한 가지만은 확실합니다. 바로 모든 종교 안에는 이런 소규모의 근본주의자 무리가 늘 있다는 점입니다. 물론 우리 가톨릭에도 존재하죠. 그런데 이러한 종교적 근본주의가 살인도 불사하게 될 때, 그 종교의 정체성과 정당성은 올바르게 확립될 수 없습니다. 이런 방법은 옳지도 않고, 참된 것도 아니니까요.

저는 알 아자르 대학의 대大이맘(이슬람 종교 지도자)과 긴 대화를 나누었고, 그들이 어떤 생각을 하는지 알고 있습니다. 그들도 평화와 만남을 추구합니다. 아울러 어느 아프리카 국가의 외교 사절께서 제게 말씀하시길, 본국 수도의 희년맞이 성문聖門에는 언제나 사람들이 긴 행렬을 이룬다고 합니다. 어떤 이들은 그 참에 고해성사를 드리기도 하고, 어떤 이들은 기도를 한다고 하죠. 하지만 대다수는 기도하기 위해 성모님의 제단 앞으로 나아갑니다. 그런데 이들 중 많은 이가 희년맞이 행사에 참가하려고 온 이슬람 신자들이라고 합니다. 그러니까 우리 형제들인 거죠. 이에 중앙아프리카를 방문했을 때, 저는 그들을 찾아갔고 이맘도 저와 함께 무개차에 오르셨죠. 이처럼 우리는 같이 잘 살 수 있습니다!

물론, 소수의 근본주의자가 있습니다. 이와 관련하여 저는 우리가 얼마나 사상적으로 공허한지 자문해 보면서 많은 젊은이에 대해 고민합니다. 일자리를 얻지 못한 이들은 약물이나 알코올 의존증에 빠지고 말죠. 그러다가 결국 근본주의자들의 무리에 가입하기도 합니다. 우리는 IS를 폭력적인 이슬람 단체라고 말할 수 있습니다. 왜냐하면 그들은 마치 자신들의 신분증인 양 리비아 해안가에서 이집트인들과 그 밖의 사람들을 학살하는 것을 보여 주었으니까요. 하지만 이것은 IS라고 불리는 하나의 소규모 근본주의자 무리에 지나지 않습니다. 따라서 이슬람이 곧 테러리스트라고 말할 수는 없습니다. 제가 보기에 이것은 옳지도 않고 정당하지도 않죠.

[기자] 테러에 대응하는 구체적인 계획은 갖고 계신지요?

[교황님] 사실 테러의 위협은 어디에나 있습니다. 이른바 몇몇 아프리카 부족 간에도 테러는 일어납니다. 그런데 이런 테러 행위에 대해 말하라고 한다면 저는 솔직히 잘 모르겠습니다. 이는 매우 복잡한 상황이니까요.

다만 한 가지 확실한 것은 테러란 다른 대안이 없을 때 기승을 부린다는 점입니다. 곧, 세계 경제의 중심에 사람이 아니라 돈 곧, 물신物神이 서 있을 때 발생하게 되는 거죠. 사실 첫 번째 테러는 이것입니다. 하느님이 창조하신 놀라움인 사람을 몰아내고, 그 자리에 돈을 세우는 것 말입니다. 네, 이것이야말로 인간성을 거스르는 다른 온갖 테러 행위의 토대입니다. 그러므로 우리 좀 더 고민해 봅시다.

왜 이슬람 테러라고 말하지 않느냐고요?

의미 있는 유일한 대답은 '자비'와 '연대'입니다

2018년 7월 6일
람페두사(첫 사도 방문지) 방문 5주년 기념 및
이민자와 난민을 위한 특별 미사 강론

"빈곤한 이를 짓밟고 이 땅의 가난한 이를 망하게 하는 자들아 이 말을 들어라! 보라, 그날이 온다. 주 하느님의 말씀이다. 내가 이 땅에 굶주림을 보내리라. 양식이 없어 굶주리는 것이 아니고 물이 없어 목마른 것이 아니라 주님의 말씀을 듣지 못하여 굶주리는 것이다."(아모 8,4.11)

아모스 예언자의 경고는 오늘날에도 여전히 유효합니다. 네, 오늘날 얼마나 많은 빈곤한 이들이 짓밟히고 있는지요! 또 얼마나 많은 가난한 이들이 몰락하고 있는지요! 이들은 오늘날의 폐기 처분 문화의 희생자입니다. 이런 상황에서 이민자와 난민들은 보다 나은 삶을 영유하는 국가들의 문을 계속해서 두드리지만 결국 그 문을 열지 못합니다.

5년 전 저는 난파선의 난민 희생자들을 추모하기 위해 람페두사를 방문하여 인류의 책임성에 관한 억누를 수 없는 외침을 들려 드렸습니다. 하느님이 말씀하십니다. "네 아우 아벨은 어디 있느냐? 네 아우의 피가 땅바닥에서 나에게 울부짖고 있다."(창세 4,9.10) 그런데 이것은 다른 사람에게만 적용되는 질문이 아닙니다. 바로 '나에게', '그대에게', '우리에게' 해당되는 질문입니다. 하지만 불행하게도 이러한 외침에 대한 대답은 혹 진심이었을지는 몰라도 충분하지는 않았습니다. 그로 인해 우리는 오늘날 수많은 이의 죽음에 대해 여전히 눈물 흘리고 있습니다.

오늘날 복음에 대한 환호 속에는 분명 예수님의 다음과 같은 초대가 포함되어 있습니다. "고생하며 무거운 짐을 진 너희는 모두 나에게 오너라. 내가 너희에게 안식을 주겠다."(마태 11,28) 주님은 세상에서 억압받는 모든 이에게 안식과 해방을 약속하셨습니다. 그런데 그분은 이러한 약속을 실질적인 것으로 만들기 위해 '우리'를 필요로 하시죠. 네, 궁핍한 형제자매들을 보기 위하여 그분은 우리의 눈을 필요로 하십니다. 그분은 그들을 돕기 위해 우리의 손을 필요로 하십니다. 또한 그분은 침묵 속에 자행된, 때로는 우리 역시 공범이 된 많은 불의를 규탄하기 위해 우리의 목소리를 필요로 하십니다. 지금 우리는 많은 침묵에 대해 이야기해야만 합니다. 상식이라는 침묵과 '언제나 그래 왔으니까.'라는 침묵, 그리고 '우리'는 무조건 '당신들'에게는 반대한다는 배타적인 침묵 말입니다. 하지만 그 무엇보다도 주님은 우리의 마음을 필요로 하십니다. 하느님 자비의 사랑을 가장 작고 소외받으며 버림받고 거부당하는 이들에게 드러내기 위해서 말이죠.

하여 오늘 복음에서 마태오는 그의 일생에서 가장 중요한 날인 주님께 부르심받던 날을 전합니다. 이때 복음사가는 바리사이인들에 대한 예수님의 질책을 분명하게 기억하고 있었습니다. 바리사이인들이 기만적이고 이중적인 투덜거림에 능하다는 것이었죠. "너희는 가서 '내가 바라는 것은 희생 제물이 아니라 자비다.' 하신 말씀이 무슨 뜻인지 배워라."(마태 9,13) 이는 '내 손을 더럽히고 싶지 않다.'라는 사람들의 끔찍한 위선에 대한 질책입니다. 착한 사마리아인의 비유에 나오는 사제와 레위인에게 향했던 것처럼 말이죠.

그런데 이는 오늘날에도 빠지기 쉬운 유혹입니다. 안전과 존엄한 삶의 조건을 갖춘 소위 '자격이 있는 이들'을 '우리'로 제한하는 이 폐쇄성은 실제든 상상이든 소통하는 '다리'가 아니라 '장벽'을 세웁니다. 오늘날 이민과 난민 문제에 직면하여, 의미 있는 유일한 대답은 '자비'와 '연대'뿐입니다. 너무 많은 계산을 해서는 안 됩니다. 다만 책임의 공정한 분담은 물론, 그 대안과 세밀한 실천에 대해 정직하고 성실하게 평가해야 합니다.

올바른 정치와 정책은 모든 이에 대한 봉사가 기본이 되어야 하니까요. 곧 안전을 보장하는 데 합당한 해결책을 제시하고 모든 이의 권리와 존엄성을 존중하면서, 동시에 다른 나라들의 선익들도 고려하여 자국의 이익을 추구하는 법을 아는 것이 정치입니다. 오늘날 세상은 점점 더 강하게 상호 연관되어 있으니까요. 오늘날 젊은이들이 이러한 세상을 지켜보고 있습니다.

이에 시편은 우리가 하느님 앞에서 양심에 따라 어떻게 올바르게 행동해야 하는지를 알려 줍니다. "성실의 길을 제가 택하고 당신 법규를 제 앞에 세웠습니다."(시편 119,30) 성실과 올바른 판단에 대하여 헌신할 때 우리는 지상의 위정자들과 모든 선한 이와 함께 앞으로 나아갈 것입니다. 바로 이런 이유가 우리가 현대 사회의 도전에 대응하기 위하여 국제 사회의 노력을 신중하게 따르는 까닭입니다. 슬기롭게 연대성과 보조성을 조화시키고, 소유하고 있는 재원과 책임 등을 확인하면서 말입니다.

저는 특별히 스페인에서 온 형제들(이탈리아의 입항 거부로 인해 스페인에 입국한 난민)에게 드리는 말씀으로 이 강론을 마무리하고자 합니다. 저는 여러분과 함께 람페두사 방문 5주년을 기념하고 싶었습니다. 여러분은 이곳 지중해에서 구조된 이들과 구조 대원들을 대표하시니까요. 먼저 오늘날 착한 사마리아인의 비유를 실현시켜 주신 구조 대원들께 감사드립니다. 그 사마리아인은 강도를 당해 죽어 가는 가난한 이를 위해 걸음을 멈췄더랬죠. 그게 무슨 일인지, 어떻게 벌어진 건지를 알지 못한 채 그 사람의 여행 이유나 신분증명서 등도 따지지 않고 말입니다. 그는 그저 책임감을 갖고 가난한 사람을 구하기로 한 것입니다.

다음으로 저는 구조된 분들에게 저의 연대와 격려를 보내고자 합니다. 저는 이주하고 도망가야 하는 비극을 잘 알고 있으니까요(프란치스코 교황님도 이민자 가정 출신). 저는 여러분이 오늘날의 사태에 대해 점점 더 우려가 높아지는 세상 속에서 계속 '희망의 증인'이 되어 주시기를 바랍니다. 미래에 대한 발전적 전망이 거의 없고, 함께 나누기를 꺼리는 이 세상 속에서 말입니다. 아울러 여러분이 거주하는 나라의 문화를 존중하고 그 법에 따라 함께 통합의 길을 발전시켜 나아가길 빕니다.

마지막으로 저는 성령께서 우리의 정신을 비추어 주시고 우리 마음을 북돋아 주시어 온갖 두려움과 불안을 극복하게 해 주시길 빕니다. 또한 우리를 아버지의 자비로운 사랑의 도구가 되게 해 주시고, 우리의 생애를 기꺼이 형제자매들을 위해 내어놓을 준비를 갖추도록 해 주시길 청합니다. 주 예수 그리스도께서 우리에게 하신 말씀 그대로 이루어지길 빕니다.

❖ 제아무리 객관적 수치가 있더라도, 당장 내 손톱 밑의 가시가 남의 말기 암보다 아프다는 현상 자체를 부정할 수는 없습니다. 난민 문제와 관련하여 실제로 난민 거주지가 조성되는 지역의 주민들이 느끼는 걱정과 두려움을 아무것도 아닌 것처럼 치부해서는 안 될 일입니다. 사실 당사자들이 객관적 지표나 사안에 앞서 '감정적으로' 나서는 건

어쩌면 인지상정일 테니 말입니다. 그리고 실제로도 당사자들은 분명 또 다른 차원의 위로와 대책이 필요하니까요.

그러나 당사자도 아니면서 시류에 편승해 소위 가짜 뉴스들을 유포하며 극단적 프레임으로 이끄는 이들에 대한 관심과 지적도 필요한 상황입니다. 그리스도인이라면 적어도 사실 확인이나 근거도 없이 자신의 두려움을 마치 사실인 양 유포하는 것만큼은, 그 사안에 대한 찬반을 떠나 정말 해서는 안 되는 일이니까요. 도와주지는 못할 망정 쪽박은 깨지 말라는 옛 말씀처럼 자선과 선행을 베풀지 못할지언정 거짓말까지 해서는 안 되지 않을까요.

오늘처럼 하느님이 필요한 날은 없었다

제게 그런 말씀을 해 주셔서 감사합니다

2018년 8월 25일
아일랜드 '세계 가정 대회' 참석 첫날 정부 당국자와 외교 사절들과의 만남

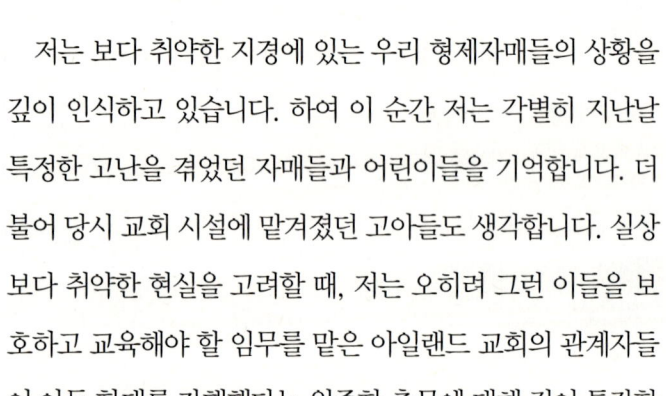

저는 보다 취약한 지경에 있는 우리 형제자매들의 상황을 깊이 인식하고 있습니다. 하여 이 순간 저는 각별히 지난날 특정한 고난을 겪었던 자매들과 어린이들을 기억합니다. 더불어 당시 교회 시설에 맡겨졌던 고아들도 생각합니다. 실상 보다 취약한 현실을 고려할 때, 저는 오히려 그런 이들을 보호하고 교육해야 할 임무를 맡은 아일랜드 교회의 관계자들이 아동 학대를 자행했다는 위중한 추문에 대해 깊이 통감합니다.

이에 아동 복지부 장관님께서 저를 공항에서 맞아 주실 때 해 주신 말씀은 여전히 제 마음속에서 울려 퍼집니다. 감사합니다. 제게 그런 말씀을 해 주셔서 감사합니다.

교회 당국의 실패……. 네, 주교와 장상 그리고 사제와 그 밖의 교회의 책임을 맡은 이들이 이러한 역겨운 범죄에 합당하지 못하게 대응한 것은 뭇사람들의 정당한 분개를 일으키며 가톨릭 공동체 안에 치욕과 고통의 씨앗으로 남았습니다. 이에 저 자신 또한 이러한 감정들을 함께 나누는 바입니다.

제 전임자이신 베네딕토 16세 교황께서도 사태의 심각성을 인식하기 위한 노력을 아끼지 않으셨습니다. 하여 이러한 신뢰를 배신한 데 대한 응답으로 '진정으로 복음적이고 정당하며 효과적인' 조치를 취할 것을 명하셨죠. 이러한 그분의 직접적이고 결정적인 개입은, 과거의 실수를 바로잡고 다시는 이런 일이 발생하지 않도록 엄격한 규정을 적용하게 하여 교회 당국이 계속 노력하도록 이끌고 있습니다.

최근 '하느님의 백성에게 보내는 서한'을 통해 저는 교회 안의 이러한 '전염병'을 제거하기 위한 교회의 막중한 임무를 재확인했습니다. 그 어떤 희생을 치르더라도 이러한 도덕적 해이와 고통을 내버려 둘 수는 없습니다. 실상 모든 어린이는 보호받고 응원받아야만 하는 하느님의 값진 선물이기 때문입니다. 네, 우리는 그들이 받은 선물을 개발시켜 영적으로 성숙하고 충만한 인간성을 지니도록 이끌어 주어야 합니다. 그리고 분명 아일랜드 교회는 과거와 현재에 있어 어린이들의 이러한 성장을 돕는 크나큰 역할을 해 왔습니다. 하여 많은 이의 실망을 불러 온 성적 학대라는 추문의 심각성을 제가 언급하는 까닭은 전체 공동체의 한 부분으로 취약한 환경에 놓인 어린이와 성인에 대한 보호의 중요성을 강조하려는 것이기도 합니다.

❖ 진정 어린 사과로부터 변화는 시작된다고 저는 믿습니다. 실상 제 자신의 치부에 대해 인정하고 돌아보는 것이 쉽지 않지요. 더욱이 어떤 자리에 있는 분이 그리 쉽사리 치부를 인정하고 사과하는 모습을 보기 힘든 요즘, 저는 교황님이 저런 인정과 사과를 하시고, 게다가 공개적인 자리에서 다시금 저런 사안을 꺼낸 이에게 '고맙다.'라고 대답하시며 공개적인 참회까지 해 주신 교황님의 모습에서 감히 그 변화의 시작을 느낍니다. 그리고 응원합니다.

오늘처럼 하느님이 필요한 날은 없었다

위정자를 위해
기도하지 않는 건 죄입니다

2017년 9월 18일
성녀 마르타의 집 아침 미사 강론

양심적인 위정자들은 기도합니다. 그들이 만약 기도하지 않는다면 자기도취나 자신만의 생각에만 빠져 자기 밖으로 나올 수 없기 때문이죠. 자기 안에 갇힌 고집불통이 되는 겁니다. 문제를 진정으로 바라볼 때, 그리고 자신이 누군가에게 권한을 위임받았다는 인식을 가지고 있을 때 위정자들은 기도합니다. 왜냐하면 이들은 자신보다 더 큰 권능을 지닌 이가 있다는 것을 아니까요.

자, 그렇다면 누가 위정자들보다 더 큰 힘을 가지고 있을까요? 우선은 그들에게 권한을 위임한 대중입니다. 그리고 하느님이 계시죠. 사실 하느님으로부터 백성들을 통하여 그들이 권력을 가지게 된 것이니까요. 그러므로 자신이 누군가에게 위탁받은 아랫사람이라는 의식을 지닌 위정자들은 기도합니다.

그런데 말입니다. 우리가 투표하지 않았나요? 우리가 그를 뽑아 세우지 않았나요? 그렇기 때문에 우리는 위정자들을 홀로 내버려 두어서는 안 됩니다. 우리는 기도하며 그들과 함께해야 합니다. 그리스도인들은 위정자들을 위해 기도해야만 합니다.

물론 어떤 이들은 이렇게 말할 수도 있습니다. "하지만 신부님, 그들이 얼마나 못된 짓을 많이 하는데 어떻게 그들을 위해 기도를 하죠?"라고 말입니다. 하지만 그렇기 때문에 그들에게는 기도가 필요합니다. 반성하도록 만들기 위해서라도 위정자들을 위해 기도하십시오.

바오로 사도가 잘 설명해 주셨듯이 이러한 전구의 기도인 중보 기도는 모든 통치자와 위정자를 위한 것입니다. 왜냐하면 이렇게 기도함으로써 우리는 평화롭고 안정된 생활을 유지할 수 있게 되니까요. 위정자가 자유롭고 평화롭게 통치할 때 모든 백성이 혜택을 입게 되는 법입니다.

그러니 여러분께 한 가지 부탁을 드립니다. 여러분 모두가 오늘 하루, 더도 말고 딱 5분의 시간을 내 보시기를 바랍니다. 그리고 만약 자신이 위정자라면 이렇게 자문해 보십시오. "나는 대중을 통해 나에게 권한을 주신 그분께 기도하는가?" 만약 위정자가 아니라면 "나는 위정자들을 위해 기도하는가?"라고 말입니다. 그리고 만약 대답이 "네."라면 그 이유는 무엇이고, "아니요."라면 그 이유는 무엇인지에 대해 생각해 보시기 바랍니다. 그들에게 참으로 기도가 필요하다는 점은 확실합니다.

우리는 모든 통치자를 위해 기도하고 있습니까? 만약 여러분이 고해성사를 위한 양심 성찰을 하면서 평소 위정자들을 위해 기도하지 않은 것을 발견하셨다면, 이것을 고해소로 가져가시기 바랍니다. 왜냐하면 위정자들을 위해 기도하지 않는 건 죄이기 때문입니다.

❖ "모든 탓을 그들에게 돌리기는 쉽습니다. 하지만 우리는 그동안 무엇을 했습니까?"(프란치스코 교황, 2013년 6월 7일 예수회 운영 학교 교사들과 학생들과 만남)

잘하고 있다면 더 힘내서 잘하라고, 못하고 있다면 이제라도 마음을 돌려 잘해 보라고 기도해야 합니다. 비난과 저주가 아닌 선한 기도의 힘만이 우리 모두를 살릴 수 있을 테니까요.

오늘처럼 하느님이 필요한 날은 없었다

왜 '혐오'가 생겼을까?

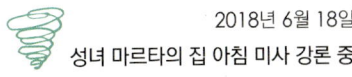
2018년 6월 18일
성녀 마르타의 집 아침 미사 강론 중

모든 독재와 전제적인 폭정은 '원활하지 않은 의사소통'에서 시작됐습니다. 즉 배려 없는 이들이나 주의 깊지 않은 집행부에게 의사소통을 맡김으로써 말이죠. 아울러 추문이나 물의 등에 대한 대화가 보다 크고 강력하게 유혹하는 것도 사실입니다. 추문거리들은 늘 우리를 유혹합니다. 좋은 소식들이 우리를 혹하게 하지는 않죠. "어, 그래 잘된 일이네." 하고 그냥 넘어가니까요. 하지만 스캔들에 대해선 "너 그거 봤어? 그 애가 이러저러하게 한 다른 짓도 봤어? 어떻게 그럴

수가 있는 거지."라고 유난을 떱니다. 그리고 이런 말들은 커져서 사람이나 단체 그리고 결국 나라를 황폐화합니다.

우리는 사람을 판단하려고 해서는 안 됩니다. 사람들과 공동체의 황폐함에 대해 판단해야 합니다. 그것들을 막을 수는 없으니까요.

많은 사람과 국가가 이러한 사악하고 헐뜯는 폭정 때문에 파괴됐습니다. 지난 세기 독재 정권들을 한번 생각해 보죠. 예를 들어 유대인 박해를 생각해 봅시다. 유대인들을 비방하는 대화와 의사소통이 마침내 이른 곳은 아우슈비츠였습니다. 그들은 살 가치가 없다고 여겨졌습니다. 그것은 '혐오'였습니다.

그러한 '혐오'가 오늘날에도 일어납니다. 작은 사회는 물론, 개인의 마음속과 많은 나라에서 말입니다. 따라서 제멋대로의 대화나 의사소통은 파괴와 단죄 그리고 죽음에 이르는 여정의 첫걸음인 셈입니다.

❖ '잘못된 실수'와 '실수한 사람'을 구분할 필요가 있습니다. 우리가 진정 원하는 건 그 사람을 단죄하는 게 아니라 그 실수나 잘못이 더 이상 일어나지 않기를 바라는 것일 테니까요.

"우리는 사람을 판단하려고 해서는 안 됩니다. 사람들과 공동체의 황폐함에 대해 판단해야 합니다. 그것들을 막을 수는 없으니까요."

그리고 이를 위한 전제가 있어야 합니다. 사람이 제아무리 제 깜냥대로 이해하고 산다지만, 그럼에도 진정으로 대화와 의사소통을 원한다면 '원활'해야 한다는 점입니다. 곧 '상호적이어야 한다'는 점이죠. 대화를 할 때 그 누구도 일방적인 훈계를 듣고 싶어 할 사람은 없을 테니까요.

"모든 독재와 전제적인 폭정은 '원활하지 않은 의사소통'에서 시작됐습니다. 즉 배려 없는 이들이나 주의 깊지 않은 집행부에게 의사소통을 맡김으로써 말이죠."

하지만 무엇보다도 더 중요한 건, 이 모든 것을 상대가 아닌 '나' 자신에게 먼저 온전히 적용해야 한다는 점입니다. 그런 점에서 반성하고 또 반성해 봅니다.

왜 '혐오'가 생겼을까?

제4장

세상의 바이러스를 이겨 낼 복음의 항체가 있습니다

예수님과 우정을 키우는
세 가지 방법

2017년 3월 25일
밀라노 대교구 사목 방문 중 젊은이들과 가진 질의응답

[아이] 안녕하세요. 저는 코르나레도에서 온 다비데입니다. 저는 교황님께 여쭤볼 것이 있어요. 교황님은 저희 나이였을 때 예수님과 우정을 키우는 데 무엇이 도움이 되셨어요?

[교황님] 안녕하세요. 좋은 저녁입니다. 방금 우리 친구인 다비데가 무척이나 직설적인 질문을 해 주었는데요. 저에게 이 질문은 그다지 어렵지는 않네요. 왜냐하면 그저 여러분 나이였을 때를 돌아보기만 하면 되니까요. 다비데의 질문은

이거였죠.

교황님이 저희 나이였을 때 예수님과 우정을 키우는 데 무엇이 도움이 되셨어요?

네, 여기에는 세 가지가 있습니다. 하지만 이 세 가지는 모두 하나로 연결되어 있죠. 첫 번째는 저를 이끌어 주신 할아버지와 할머니십니다. 제가 이렇게 말하면 어떤 이들은 "에이, 어떻게 할아버지와 할머니가 예수님과의 우정을 키워 나가는 데에 도움을 줄 수 있어요?"라고 물을 수도 있습니다. 여러분은 어떻게 생각하시나요? 할아버지와 할머니가 도움을 주실 수 있을까요, 없을까요?

"도우실 수 있어요."

에이, 하지만 그분들은 늙으셨는데요?

"아니에요."

아니라고요? 할아버지, 할머니가 나이 드시지 않았다고요?

"아니요."

네, 그분들은 나이가 드셨죠. 그분들은 우리와는 다른 시대를 살아오셨어요. 그래서 할아버지와 할머니는 컴퓨터와 휴대폰을 사용하시지 못할 수도 있어요. 그럼, 제가 다시 질문해 보죠. 이러한 할아버지와 할머니가 예수님과 우정을 키워 나가는 데에 도움을 주실 수 있을까요?

"네!"

이것은 제 경험에서 드리는 말씀입니다. 그분들은 제게 일상적인 삶의 이것저것들을 알려 주시며 도움을 주셨습니다. 저의 할아버지는 목수셨는데, 마치 예수님께서 목공을 배우셨던 것처럼 제게 일을 가르쳐 주셨습니다. 저는 할아버지를 바라볼 때 예수님을 생각하곤 했죠. 그리고 다른 친척 할아버지는 예수님께 기도하기 전에는 결코 잠자리에 들지 않으셨죠. 마치 그분께 "안녕히 주무세요." 라고 하시는 것처럼 말입니다. 할머니와 어머니도 제게 기도하는 법을 가르쳐 주셨어요. 중요한 것은 이것입니다. 바로 할아버지와 할머니가 삶의 지혜를 지니고 계시다는 점 말입니다. 그리고 이 지혜를 통해 우리가 예수님께 보다 가까이 다가갈 수 있도록 가르쳐 주시죠. 제 할아버지와 할머니가 바로 그렇게 해 주셨습니다. 우리 친구 질문에 대한 첫 번째 대답은 바로 '할아버지와 할머니'입니다. 한 가지 조언을 하자면, 할아버지, 할머니와 이야기를 많이 나눠 보세요. 여러분이 알고 싶은 모든 것을 질문하며 이야기를 나눠 보세요. 그리고 할아버지와 할머니의 말씀에 귀 기울여 보세요. 사실 요즘 같은 시기에 할아버지, 할머니와 이야기를 나누는 것은 아주 중요합니다.

다음으로는 친구들과 함께 뛰어놀았던 것이 제게 많은 도움이 되었습니다. 왜냐하면 논다는 것은 좋은 거니까요. 친구들과 함께 놀이를 하며 기쁨을 느끼는 것 말입니다. 서로를 무시하지 않고 함께 어울려 노는 것은 참 좋은 일이죠. 그렇죠? 여기서 질문! 예수님도 친구들과 어울려 뛰어놀았을까요, 아닐까요?

"뛰어노셨어요."

아주 확신에 차 있는데요. 네, 맞습니다. 예수님도 뛰어노셨죠. 다른 아이들과 함께 노셨습니다. 그러므로 우리가 친구들과 함께 노는 것은 좋은 일이에요. 왜냐하면 놀이를 할 때 우리는 순수해지니까요. 아울러 놀이를 할 때 상대를 존중하는 법도 배우고, 한 팀을 꾸려 함께하는 법도 배우게 되죠. 그리고 이 점이 우리를 예수님과 하나 되게 만들어 줍니다. 친구들과 함께 뛰어노는 것 말입니다.

세 번째로 제가 예수님과의 우정을 키우는 데 도움이 되었던 것은 본당 활동과 주일 학교였습니다. 네, 본당에 가고 주일 학교에 참여하며 한데 어울렸죠. 이건 아주 중요해요. 그런데 여러분은 본당에 가는 걸 좋아하나요?

"네!"

솔직하게 말해 줘야 해요. 여러분은 미사에 가는 것도 좋아하나요?

"네!"

그럼 주일 학교에 가는 것도 좋아해요?

"네!"

아, 이건 정말 좋아하는 것 같네요. 지금까지 말한 이 세 가지 활동이 저에게 예수님과의 우정을 키워 나가도록 도와줬습니다. 할아버지, 할머니와 이야기하기, 친구들과 함께 뛰어놀기, 본당 활동과 주일 학교에 나가기. 이 세 가지 활동을 하며 기도하는 동안, 여러분도 좀 더 예수님께 가까이 다가가게 될 거예요. 그리고 기도가 세 가지 활동을 하나로 단단하게 이어 줄 것입니다.

예수님과 우정을 키우는 세 가지 방법

여전히 명령이라 느낀다는 그대에게

2018년 6월 20일
일반 알현 교리 교육

사랑하는 형제자매 여러분, 안녕하세요.

교리 교육의 새로운 주제로서 '계명'에 대해 알아보도록 하겠습니다. 우리가 알다시피 예수님은 율법을 없애러 오신 것이 아니라 완성하러 오셨습니다. 그래서 우리는 다음 관점을 보다 잘 이해해야만 합니다. 성경에 따르면 '계명들'은 그 자체를 위해 존재하는 것이 아니라, 언제나 관계성의 일부분으로 존재합니다. 그리고 이 때문에 예수님은 율법을 없애러 온 것이 아니라 완성하러 오신 거라고 하신 거죠. 하느님과 당신 백성 사이에는 언약의 '관계'가 맺어져 있습니다.

탈출기 20장의 시작 부분을 함께 읽어 보죠. 이 부분은 매우 중요합니다. "그때 하느님께서 이 모든 말씀을 하셨다."(탈출 20,1) 얼핏 보기에 이 부분은 여느 시작 부분과 마찬가지로 일반적으로 보입니다. 하지만 이 구절은 분명 "하느님께서 이 '계명'들을 선포하셨다."라고 하지 않고, 이 '말씀'이라고 전합니다. 히브리 전통에서는 언제나 십계명을 '열 가지 말씀'이라고 부르죠. 물론, 그것들은 율법의 형식을 지니고, 객관적으로 계명이기는 합니다.

하지만 성경을 기록한 사람은 왜 '열 가지 말씀'이라는 용어를 사용했을까요? 왜 '십계명'이라고 하지 않았을까요? 또 '계명' 혹은 '명령'과 '말씀'의 차이는 무엇일까요? '명령'이란 대화를 필요로 하지 않는 의사소통이지만 '말씀'은 관계, 곧 대화의 필수적인 수단입니다. 그래서 하느님 아버지는 당신 '말씀'으로 창조하시고, 당신 아드님은 '말씀'이 사람이 되셨습니다. 사랑은 '말마디'를 통해 성장합니다. 교육이나 협력도 마찬가지죠. 그러므로 사랑하지 않는 두 사람은 참다운 소통을 할 수 없습니다. 누군가 우리에게 진심으로 이야기를 건넬 때 우리의 외로움은 끝나게 됩니다.

따라서 어떤 말마디를 받는다는 건 의사소통을 한다는 것이고, 계명이란 이러한 의미로서 하느님의 '말씀'입니다. 하느님은 열 가지 말씀을 먼저 건네셨고, 우리의 대답을 기다리고 계십니다. 우리에게 계명은 한편으로는 지시를 받는다는 것이고, 다른 한편으로는 누군가 우리와 이야기하고 싶어 함을 알아차리는 것이기도 합니다. 그리고 이런 점에서 대화 자체가 진리의 소통이나 교류보다 훨씬 더 중요합니다.

예를 들어 저는 여러분께 이렇게 말할 수 있습니다. "오늘은 봄의 마지막 날이네요. 비록 덥지만 봄의 마지막 날입니다."라고 말입니다. 이것은 사실이지만 대화는 아닙니다. 하지만 제가 이렇게 말하면 어떨까요. "여러분은 이번 봄에 대해 어떻게 생각하시나요?" 네, 대화는 이렇게 시작하는 겁니다. 그리고 하느님의 계명은 이러한 대화인 거죠. 소통이란 이런 말마디를 통해 즐겁게 대화하면서 사람들과 호감을 나누는 가운데 구체적인 선으로 실현되니까요. 그러므로 선이란 어떤 사물 속에 있는 것이 아닙니다. 서로 대화를 주고받는 사람들 안에 있는 것이죠.

그런데 이러한 차이는 인위적이지 않습니다. 그렇다면 처음에 무슨 일이 일어났는지 살펴보죠. 우리에게 다가오는 도전은 바로 이것입니다. 하느님께서 인간에게 주신 첫 번째 규정은 전제 군주의 강제하는 명령이었을까요, 아니면 자신의 자녀들을 돌보고 자기 파멸로부터 그들을 보호하려는 아버지의 배려였을까요? 선악과에 대한 것은 '말씀'이었을까요, '명령'이었을까요? 뱀이 이브에게 했던 여러 거짓말 중 가장 끔찍했던 건 하느님께서 시기하신다는 내용이었습니다. 곧 "아니야, 하느님께서 너희가 그렇게 될까 봐 시기해서 그런 거야."라고 말한 거죠. 네, 속 좁고 시기하는 하느님이라고 한 겁니다. "하느님은 너희가 자유로워지는 걸 원치 않아."라고 한 거죠. 하지만 이내 뱀이 사랑의 말마디를 명령으로 믿게끔 거짓말했음이 드러나게 됩니다.

사람은 이러한 선택의 기로에 있습니다. 하느님은 나에게 무언가를 강제하는 분이신가요, 아니면 나를 돌보시는 분이신가요? 그분의 계명은 그저 법규일 뿐인가요, 아니면 나를 보살피기 위한 말씀을 품고 있는 것인가요? 하느님은 주인님이신가요, 아버지신가요? 여러분은 어떻게들 생각하세요? 네, 하느님은 아버지이십니다. 우리는 노예인가요, 자녀인가요? 네, 우리는 하느님의 자녀입니다. 이 점을 잊지 마시기 바랍니다. 최악의 상황에서도 우리 모두를 사랑하는 아버지가 계심을 기억하시기 바랍니다.

이렇게 우리의 내외부에서는 갈등과 싸움이 계속됩니다. 우리는 노예근성과 어린아이의 마음가짐 사이에서 선택해야만 합니다. 다시 말해 주인님의 명령인지, 아니면 아버지의 말씀인지를 선택해야만 하는 겁니다. 하느님의 계명은 자유를 향한 여정입니다. 왜냐하면 계명은 이러한 여정에서 우리를 자유롭게 하는 아버지의 말씀이기 때문입니다.

사랑하는 형제자매 여러분, 세상은 율법주의나 법률 우선주의가 아니라 돌봐 줌을 필요로 합니다. 세상은 자녀의 마음을 지닌 그리스도인을 필요로 합니다. 이 점을 잊지 마시기 바랍니다.

❖ 다른 사람에게 진심으로 마음을 써 본 적이 있는 이들은 압니다. 누군가를 정말 좋아하고 사랑할 때에는 그 사람이 원하는 것에 '기꺼이' 나를 맞추어 갑니다. 하지만 부부 사이나 친구 사이라고 하더라도 마음이 떠나면 '내가 왜?'라는 생각으로 당연히 신경 써 줘야 하는 일도 억압처럼 느껴지게 됩니다. 결국 어떤 행동이나 사안 자체가 아니라, 그 관계에 내 마음이 있느냐, 없느냐가 핵심입니다. 정말로 사랑에 '빠져 있을 때'에는 오히려 어느 정도는 상대방의 간섭이나 구속을

원하기도 합니다. 상대가 반응이 없거나 어떠한 요구도 없다면 편하다기보다는 마음이 변했다고 생각하는 것이 우리니까요.

　우리는 주님의 계명 앞에서 솔직해져야 합니다. 인간의 자유를 운운하기 전에, 하느님의 말씀을 단순히 명령으로만 받아들인다는 그 자체가 어쩌면 마음이 떠나 있음을 방증하는 것이라고 말입니다.

여전히 명령이라 느낀다는 그대에게

복음의 증거가 없는 곳에 성령도 계시지 않습니다

2018년 8월 11일
세계 주교 대의원 회의 준비 청년들과의 만남

방금 질문해 준 친구는 여러 질문을 하면서 '도대체 왜'라는 말을 반복했습니다. 한데 모든 '왜?'라는 질문에 답이 있는 건 아닙니다. 네, 모든 것에 우리가 그 답을 할 수 있는 건 아니죠. 하여 여러분 잘 들어 주시길 바랍니다. 모든 것에 답할 수 있는 건 아니라고 말입니다. 예를 들어 왜 아이들이 고통을 겪어야 할까요? 과연 누가 이것에 대해 완벽히 설명할 수 있을지요? 우리에게는 그 해답이 없습니다.

다만 우리는 십자가에 달린 그리스도와 그곳에 계셨던 성모님을 바라보며 무언가를 찾아낼 따름이죠. 우리는 그곳에서, 마음으로 해답이라 여겨지는 무언가를 깨닫기 위한 길을 발견할 따름입니다.

하여 '주님의 기도'에는 한 가지 청원이 들어 있죠. '저희를 유혹에 빠지지 않게 하시고.' 그런데 이 구절에 대한 이탈리아어 번역이 다소 오해를 줄 수 있어 최근에는 원본에 따라 보다 적확한 번역으로 개정됐습니다. 사실 하느님 아버지께서 우리를 유혹으로 '빠지게' 하실 수 있을까요? 아버지가 자신의 자녀들을 속일 수 있다는 말인가요? 당연히 아니죠! 이에 보다 옳은 번역은 "저희가 유혹에 빠지도록 '내버려 두지 마소서.'"입니다. 곧, 우리가 나쁜 짓을 하지 못하도록 우리를 붙잡으시고 나쁜 생각들로부터 우리를 해방시켜 달라는 거죠. 사실 하느님에 관해 말마디를 하면서도 종종 그분 사랑의 메시지를 배반하는 경우가 있으니까요. 네, 때때로 우리가 복음을 배반할 때가 있다는 거죠.

이에 질문해 준 친구는 이러한 복음에 대한 배반과 함께 이렇게 말했습니다.

"교회는 지상에서 정말 하느님 말씀의 전달자인가요? 제가 보기에는 그것과는 거리가 먼, 그저 자신들의 예배인 전례에만 갇혀 있어 보이는데요."

네, 우리 친구의 지적은 정말 신랄합니다. 아울러 우리 모두에 대한 판단이기도 하죠. 하지만 특별히 이러한 지적은 '사목자'들을 향합니다. 우리와 수사, 수녀에 대한 판결인 셈이죠. 우리 친구는, 우리가 본연의 모습에서 점점 더 멀어지고 전례에만 갇혀 있다고 말했습니다.

우선 이러한 지적을 모두 겸허히 받아들입시다. 항상 그런 것은 아니지만, 때때로 사실이기도 하니까요. 더불어 젊은이들에게는 그저 위에서 지도하려는 것만으론 충분치 않으니까요.

우리 친구는 이렇게 말했습니다.

"우리에게는, 우리 세대에서 일상적으로 접하는 온갖 의심과 불확실성에 대해 귀 기울이며 우리와 함께하는, 진정 어린 복음의 증거와 실제적인 예가 필요합니다."

다시 말해 이 친구는, 우리 모든 사목자와 신앙인에게 '함께하며', '경청해 주고', '증거'할 것을 요구하는 겁니다. 따라서 내가 한 명의 남녀 신자이건 사제나 수녀 혹은 주교이건 간에 그리스도인으로서, 우리 그리스도인들이 고통과 각종 문제에 대해 귀 기울이고 침묵 중에 상대가 말하도록 해 주며 경청하는 법을 익히지 않는다면, 우리는 결코 앞선 질문들에 대한 실제적인 대답을 할 수 없을 것입니다. 실상 많은 경우 저런 질문에 대한 실제적인 대답은 말로 표현될 수가 없으니까요. 실제적인 대답은 자신의 위험을 감수하며 증거(실천)를 통해서 주어야만 하는 거죠. 하여 증거 곧 실천이 없는 곳에는 성령이 계시지 않습니다. 네, 이것이 핵심입니다. 이에 저는 이 질문을 해 준 친구뿐 아니라 여러분 모두에게 요청하는 바입니다. 복음의 증거하기 위하여 자기 자신을 박차고 나오기를 말입니다. 그리고 그런 다음 돌이켜 보시기 바랍니다.

우리가 '교회는 더 이상 증거하지 않는다'고 말하려면, 저 자신에 대해서도 이렇게 말해야 하지 않을까요? '그런 나는 복음을 증거했는가?' 하고 말입니다. 질문해 준 친구는 그렇다고 말할 수 있습니다. 매일 아픈 이들과 함께 증거하고 있으니까요. 하지만 저는 과연 그렇다고 말할 수 있을까요? 만약 우리 각자가 저 자신을 넘어 복음을 증거하지 않는다면, 우리가 과연 어떤 신부나 주교 혹은 어떤 그리스도인에 대해 비판할 수 있을까요?

사랑하는 청년 여러분, 이에 이것이 여러분께 드리는 마지막 당부입니다. 증거 없는 예수님의 메시지, 실천 없는 교회는 그저 뿌연한 연기일 따름이지요.

❖ 다른 것을 다 떠나 교황님 면전에서 저런 말씀을 드리고 질문하는 모습에서 그나마 우리 교회의 희망을 본다고 하면 제가 너무도 낙관론자일까요? 당차게 질문해 준 청년, 진솔하게 답해 주시는 교황님, 이렇게 우리 모두가 교회를 살아 있게 하는 것이라 믿습니다.

신앙은 도피처가 아닙니다!

2017년 8월 13일
연중 19주일 삼종 훈화

　사랑하는 형제자매 여러분, 이 복음 구절(마태 14,22-33)은 다음과 같은 예수님의 일화를 전해 줍니다. 밤새 갈릴래아 호숫가에서 기도하신 다음 제자들이 타고 있는 배를 향해 물 위를 걸으신 일이죠. 당시 배는 심한 맞바람으로 호수 위에서 오도 가도 못하고 있었습니다.
　그런데 제자들은 예수님께서 물 위를 걸어 다가오시는 모습을 보자 마치 유령을 본 것처럼 몹시 두려워했더랬죠. 이에 그분은 "용기를 내어라. 나다. 두려워하지 마라." 하시며 그들을 도닥여 주셨습니다. 그러자 베드로는 평소 충동적인 성격대로 다음과 같이 말하죠. "주님, 주님이시거든 저더러 물 위를 걸어오라고 명령하십시오." 이에 예수님은 "오너라."라고 명하십니다. 그리고 베드로는 배에서 내려 물 위를 걷기 시작했습니다. 하지만 거센 바람을 보고 두려워진 베드로는 물에 빠지고 말았습니다. 그리고 "주님, 저를 구해 주십시오."라고 소리를 질렀고, 예수님은 손을 뻗어 그를 붙잡으셨죠.

복음서의 이 대목은 굉장히 풍부한 상징을 포함하고 있습니다. 우리의 신앙에 대해 돌아보게 만들죠. 그것이 개인적인 믿음이든 교회 공동체적인 믿음이든 간에, 지금 이 순간 여기에 모인 우리 모두의 신앙과 믿음에 대해 말입니다.

자, 그럼 우리 교회 공동체는 정말 믿음을 가지고 있습니까? 우리 각자의 믿음과 우리 공동체의 신앙은 어떠한가요? 사실 복음에 등장하는 '배'는 우리 각자의 삶이라 할 수 있습니다. 하지만 동시에 교회의 여정이라고도 할 수 있죠. 그리고 맞바람은 온갖 어려움과 시련을 나타냅니다. 베드로의 "주님, 저더러 당신을 향해 오라고 명령하십시오."라는 외침과 "주님, 저를 구해 주십시오."라는 부르짖음은 평소 우리의 바람인 '주님께서 우리와 가까이 계심을 느끼고자 하는 것'과 매우 비슷합니다. 하지만 이와 함께 이러한 외침은 내적인 연약함과 외적인 어려움으로 인한 것이며, 우리의 삶과 공동체가 보다 어려운 순간에 겪는 두려움과 불안을 드러내는 것이기도 합니다.

베드로는 그 순간 거칠고 위협적인 물결에 맞서기 위해 붙잡아야 할 밧줄과도 같은 든든한 예수님의 말씀에 대한 확신이 없었더랬습니다. 이러한 일은 우리에게도 일어날 수 있습니다. 삶의 확신을 얻기 위해 주님의 말씀을 붙잡지 않고 별자리나 운세 등에 매달릴 때 우리는 물속으로 빠져들고 마는 거죠. 네, 신앙과 믿음이 그리 깊지 못한 셈입니다.

오늘 복음은 우리에게 주님과 그분 말씀에 대한 믿음이 마냥 쉽고 편한 여정만은 아님을 알려 줍니다. 신앙을 가졌다고 해서 삶의 풍파를 겪지 않을 수 있는 것은 아닙니다. 하지만 신앙은 우리에게 그분 현존의 확신을 줍니다. 이 점을 잊지 마시기 바랍니다. 믿음은 문제를 없애는 것이 아니라 우리에게 그분 현존의 확신을 줍니다. 신앙은 우리에게 실존적인 폭풍우를 이겨 내도록 힘을 주시는 예수님의 현존을 깨닫게 하죠. 다시 말해 온갖 어려움에 직면한 우리를 돕기 위해 붙잡아 주시고, 어두운 순간에도 길을 가리켜 주시는 그분의 확실한 손길을 깨닫게 합니다.

신앙 곧 믿음이란 결코 삶의 문제들로부터 도피하는 것이 아닙니다! 오히려 삶의 여정을 지속하고 거기에 의미를 부여해 주는 거죠.

오늘의 이야기는 모든 시대에 걸친 교회의 현실에 대한 놀라운 묘사라 할 수 있습니다. 곧 온갖 위협적인 맞바람과 폭풍에 맞서 그 한가운데 있는 배로서 말입니다. 그리고 이러한 상황에서 단순히 용기나 그 배에 탄 사람들의 자질 때문에 구원받을 수 있는 것은 아닙니다. 난파되지 않을 것이라는 보증은 그리스도와 그분 말씀에 대한 믿음에서 오는 거죠. 이것이야말로 구원의 보증입니다. 예수님과 그분 말씀에 대한 신앙이죠. 그리고 이 배 안에서 우리는 자신의 나약함과 모자람에도 불구하고 안전합니다. 무엇보다도 우리가 무릎을 꿇고 주님을 찬미하며 제자들과 같이 그분께 엎드려 절하고 "스승님은 참으로 하느님의 아드님이십니다."라고 고백할 때 말이죠.

예수님을 향한 이 고백은 얼마나 아름다운지요! "당신은 참으로 하느님의 아드님이십니다!"

❖ 온갖 병고에서 벗어나기 위해 모든 병균과 바이러스가 없는 무균실에 사는 것이 좋은 방법일까요? 아니면 면역력을 키우는 것이 나은 방법일까요? 삶의 풍파에 시달릴 때, 그 문제들을 없애 달라고 하는 것이 나을까요? 그것들을 이겨 낼 힘을 달라고 청하는 게 옳은 것일까요? 과연 어느 쪽이 더 현실적인 걸까요?

오늘처럼 하느님이 필요한 날은 없었다

세상의 바이러스를 이겨 낼
복음의 항체

2017년 12월 8일
원죄 없이 잉태되신 동정 마리아 대축일에 성모님께 드리는 기도

전통적으로 교황님은 12월 8일 원죄 없이 잉태되신 동정 마리아 대축일 오후 로마의 스페인 광장에 있는 성모상에 꽃을 봉헌하시며, 로마 시민과 전 세계 사람들을 위해 성모님의 전구를 청하십니다. 이는 교황님이 2017년에 꽃을 봉헌하며 드린 기도입니다.

원죄 없으신 어머니,
저는 로마 주교로서, 이 도시에 사는 모든 이의 이름으로

당신께 경의를 표하기 위해 오늘로 다섯 번째 당신 발 앞에 와 있습니다.

저희는 우리 여정에, 그러니까 우리 가족과 본당, 신앙 공동체의 모든 여정에 함께하시는 당신의 항구한 배려에 감사드립니다. 특별히 많은 어려움을 겪으며 이곳 로마를 거쳐 일을 하러 다니는 이들의 매일의 여정과 병든 이들과 나이든 이들, 아울러 모든 가난한 이들과 전쟁과 배고픔을 피해 고향에서부터 이곳으로 온 많은 이주민의 여정에 함께해 주셔서 감사드립니다.

어머니, 고맙습니다.

우리가 당신을 생각하고, 당신을 바라보면서 성모송을 읊조릴 때에 저희는 언제나 부드러우면서도 굳건한 당신 모성母性의 현존을 느끼기 때문입니다.

오, 어머니시여, 이 도시가 오늘날 횡행하는 몇몇 바이러스에 대한 항체를 키울 수 있도록 도와주소서. 그 바이러스란, "그건 내 알 바 아니야."라고 말하는 무관심과 공동선을 업신여기는 시민들의 무례함(스킨헤드와 같은 인종 차별주의자들), 다른 것과 낯선 것들에 대한 공포, 명백한 범죄임에도 예전부터 그랬다며 넘어가는 관례 인습주의, 아울러 남들의 행위는 비난하면서 자신도 똑같은 짓을 행하는 위선과 윤리적·생태적 차원에서의 퇴보를 그저 받아들이기만 하는 무기력함, 그리고 많은 사람에 대한 착취입니다.

어머니! 이러한 바이러스들을 복음의 항체로 이겨 낼 수 있도록 저희를 도와주소서. 저희가 매일 복음서의 한 구절이라도 읽는 복된 습관을 갖게 하시어, 마음속에 말씀을 간직하신 당신의 모범을 따라 그 말씀의 씨앗이 우리 삶 안에서 열매 맺을 수 있도록 하소서.

원죄 없으신 동정녀시여, 175년 전 이곳에서 그리 멀지 않은 프라테의 성 안드레아 성당에서 당신은 알폰소 라티스본의 마음을 움직이셨습니다. 그 순간 그는 교회의 적대자이자 무신론자에서 그리스도인이 되었습니다. 그때 당신은 그에게 은총과 자비의 어머니로 당신을 드러내셨습니다. 그러므로 어머니, 저희가 특별히 시련과 유혹에 빠져 있을 때도 주님의 은총이 지상으로 내려오도록 청하시는 당신의 팔 벌린 손을 바라보게 하소서. 더불어 저희도 참으로 있는 그대로 자신을 인정할 수 있도록, 저희들의 온갖 오만함과 교만함을 벗겨 내 주소서. 저희는 보잘것없고 가난한 죄인입니다. 하지만 언제까지나 당신의 자녀들이죠.

그리하여 우리 형제이자 구세주이신 예수님과 우리를 기다리시는 데에 결코 지치지 않으시는 하늘에 계신 아버지께 우리가 돌아갔을 때 그분께서 우리를 용서해 주시도록 당신께 전구를 청합니다.

감사합니다, 어머니. 당신은 언제나 우리에게 귀 기울이시니까요. 그럼 로마 보편 교회와 이 도시 그리고 온 세상의 축복을 빌어 주소서. 아멘.

❖ 한낱 사람에 불과한 '마리아'가 원죄가 없다고 믿는 가톨릭이 어떤 이에게는 사뭇 이단으로 보일 수도 있습니다. 하지만 내막을 알고 보면, 성모님에 대한 이러한 공경은 우리의 유일한 구세주 예수 그리스도의 은총과 권능에 대한 확실한 믿음입니다.

왜냐하면 성모님께서 원죄에서 자유로워지셨다는 건 그분이 잘나서가 아니라, 구세주 예수 그리스도의 어머니가 되실 분으로 예수 그리스도의 십자가 구원의 은총을 미리 당겨 적용했기 때문입니다.

그리고 이러한 '미리 당겨 적용함(선취)'은 그리 이상한 일이 아닙니다. 왜냐하면 하느님은 시간에 매이는 분이 아니시기 때문입니다. 곧 시간 밖에 계시는 분이기에, 우리에게는 성모님의 잉태가 예수 그리스도의 십자가 사건보다 앞서지만, 그분께는 그렇지 않죠.

사실 모든 그리스도인은 세례를 통해 원죄가 없어진다고 믿지 않나요? 그리하여 성모님의 원죄 없는 잉태는 그 시간상의 한계마저 벗어나는 그리스도 은총의 위력을 더욱 여실히 드러내는 사건입니다. 쉽게 말해, 구세주께서 원죄로 타락한 어머니의 태로 그냥 들어오셨겠느냐는 뜻이죠. 이에 성부 하느님께서 당신의 외아드님을 위해 미리 앞서 마리아의 원죄를 치워 주셨다는 것입니다.

우리는 성모님의 특별한 지위를 경축하며, 단순히 성모님만을 보면 안 될 것입니다. 촌부村婦였던 마리아가 성모님이 되셨듯이, 우리 역시 하느님의 자비와 예수 그리스도의 사랑 그리고 성령의 일하심으로 성모님과 같이 구원될 것이라는 사실을 확인하는 데 더 큰 의의가 있는 것이죠. 그리고 우리도 성모님처럼 살아가야 합니다. 세상의 바이러스에 복음의 항체로 맞서면서요!

세상의 바이러스를 이겨 낼 복음의 항체

엄마의 마음이 필요합니다

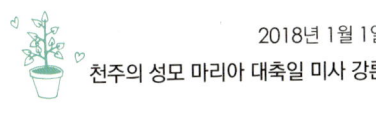

2018년 1월 1일
천주의 성모 마리아 대축일 미사 강론

새로운 한 해가 '하느님의 어머니'라는 이름으로 열렸습니다. 그러고 보면 '하느님의 어머니'라는 호칭은 성모님을 향한 가장 중요한 호칭입니다. 여기에서 우리는 이렇게 물어볼 수 있습니다. "우리는 왜 '예수님의 어머니'라고 하지 않고 '하느님의 어머니'라고 말하는가?" 사실 몇몇 사람은 이미 예전에 저런 식으로 성모님의 신원을 국한하려 했었더랬죠. 하지만 교회는 분명히 다음과 같이 가르칩니다. 성모 마리아는 '하느님의 어머니'라고 말입니다. 우리는 이러한 표현에 하느님과 우리에 대한 놀라운 진리가 포함되어 있다는 점에서 외려 놀라워하며 감사해야 합니다. 다시 말해, 주님께서 성모 마리아 안에서 육신을 취하신 이래, 그때부터 영원히 그분은 우리의 인간성과 도무지 뗄 수 없는 관계가 되셨으니까요. 예수님이 강생하신 이후 하느님은 더 이상 인간과 관계없는 분이 아니셨습니다. 예수님께서 성모님을 통해 취하신 인간의 육신은 진정 그분의 것으로 지금도 아울러 영원히 그러할 것이기 때문입니다. 그리고 '하느님의 어머니'라고 말할 때에 우리는 바로 이것을 기억합니다. 하느님은 아기가 어머니의 태 안으로 들어서듯 인류에게 다가오셨으니까요.

그런데 '어머니Madre/Mater'라는 말은 '질료/물질Materia'이라는 의미와도 연관됩니다. 당신의 어머니 안에서 무한한 온 우주의 하느님이 작아지신 것입니다. 그러니까 살과 피를 지닌 존재가 되신 거죠. 단순히 우리와 함께하기 위해서가 아니라, 우리와 같아지기 위해 말입니다. 그리고 바로 여기에 기적과 새로움이 있습니다. 인간은 더 이상 혼자가 아닙니다. 인간은 결코 고아가 아니라 영원한 그분의 자녀입니다. 그리고 이러한 새로움으로 우리는 한 해를 엽니다. 아울러 새해의 첫날을 '천주의 성모 마리아 대축일'이라고 선포합니다. 이것은 우리에게 해방의 기쁨을 전달합니다. 이날을 통해 우리는 하느님의 사랑받는 자녀임을 깨닫고, 하느님의 자녀로서 얻은 평화를 누구에게도 빼앗기지 않을 것임을 알아차릴 수 있습니다. 성모님 품에 계신 연약한 아기의 모습인 하느님을 통해 우리는 인류가 주님께 받은 사랑으로 거룩해진다는 것을 깨달을 수 있습니다. 인간 생명에 대한 봉사는 하느님과 모든 생명에 대한 헌신입니다. 그러므로 우리는 어머니 태중의 생명과 노인, 고통받고 앓는 이들, 아울러 불편하거나 심지어 불쾌한 이들의 생명과 삶도 보듬어 주고 사랑하며 도와줘야 합니다.

그럼 다시 복음 말씀을 따라가 봅시다. 사실 오늘 복음에서 하느님의 어머니에 대한 서술은 딱 한 문장에 나와 있습니다. "이 모든 일을 마음속에 간직하고 곰곰이 되새겼다."(루카 2,19) '간직하였다', 성모님은 다만 간직하셨더랬습니다. 말씀하지 않으셨죠. 그러고 보면 복음은 성탄이 전하는 구절 전반에 걸쳐 성모님의 말씀을 전하지 않습니다. 그런데 이러한 모습마저도 성모님은 아드님과 하나 되신 모습입니다. 왜냐하면 당시 예수님은 갓난아기로서 말이 없으셨으니까요. '여러 번에 걸쳐 여러 가지 방식으로 조상들에게 말씀하신'(히브 1,1 참조) 하느님의 말씀이신 그분께서 '때가 찬'(갈라 4,4 참조) 지금, 침묵 속에 계신 겁니다. 그러니까 침묵하고 있는 이 앞에 계신 하느님이 말씀하지 않는 아기로 계신 상황입니다. 그분의 장엄함은 말이 없습니다. 그분 사랑의 신비는 미소微小함 안에서 드러나니까요. 그런데 이러한 고요한 미소함이 그분 통치의 언어입니다. 그리고 이러한 흐름 속에서 성모님은 당신 아드님과 결합되어 침묵 속에 모든 것을 간직하고 계십니다. 이는 우리에게도 침묵이 필요함을 알려 줍니다. 네, 우리는 구유를 바라보며 침묵 중에 머물 필요가 있습니다. 구유 앞에서 우리는 사랑받고 있음을 재발견하며, 삶의 진실한 의미에 대해 맛볼 수 있을 테니까요. 아울러 침묵 중에 구유를 바라보며, 우리는 예수님께서 우리 마음 안에 말씀하시도록 해야 합니다. 그분의 작아지심이 우리의 교만을 깨뜨리도록, 그분의 가난이 우리의 사치를 막아서도록, 그분의 상냥함이 우리의 무딘 마음을 움직일 수 있도록 말입니다. 이것은 우리의 영혼을 간직하는 일입니다. 이러한 작업을 통해 우리는 소비적인 삶의 태도와 각종 선전과 광고의 홍수, 그리고 우리를 압도하는 시끌벅적한 잡담과 수다의 공허한 말잔치 속에서 자유를 지키고 간직할 수 있습니다.

계속해서 복음을 따라가 보면, 마리아는 마음속에 간직하고 이 모든 일을 곰곰이 되새겼다고 전해집니다. 자, 그렇다면 '이 모든 일'이란 뭐였죠? 그것들은 기쁨과 슬픔이었습니다. 성탄에 관한 이야기 한편에는 예수님의 탄생, 요셉의 사랑 그리고 목자들의 방문과 광명의 그날 밤이 있었지만, 다른 한편에는 불확실한 미래와 머물 곳조차 없는 상황도 있었습니다. 왜냐하면 여관에는 그들이 들어갈 자리가 없었기 때문입니다(루카 2,7 참조). 황량하게 거절당해 조그마한 마구간에서 예수님을 낳아야 한다는 실망이 있었을 것입니다. 희망과 불안, 빛과 어둠이 동시에 있었던 거죠. 네, 이 모든 것이 마리아의 마음을 뒤덮었습니다. 그런데 성모님은 무슨 일을 하셨나요? 곰곰이 되새기셨습니다. 성모님은 마음속으로 하느님과 함께 그것들을 하나하나 재검토하신 겁니다. 사실 어떤 것도 그 자체로 발생하거나 격리되어 독자적으로 갇혀 있지 않고, 전적으로 비탄에 잠기게 하지도 않습니다. 모든 일은 하느님께서 주관하셨습니다. 그리고 성모님은 마음속에 모든 일을 간직하셨습니다. 그것들을 하느님께 내어 맡김으로써 말이죠. 성모님은 두려움이나 실망 혹은 미신의 손아귀에 당신의 삶을 내놓지 않으셨을 뿐 아니라, 자신을 열고 모든 것에 관해 하느님과 대화하셨습니다. 우리를 돌보시는 하느님은 이렇게 우리 삶 안으로 오시어 머무르시게 되는 겁니다.

그리고 바로 여기에 '하느님의 어머니'의 비밀이 있습니다. 그 비밀은 모든 일을 마음속에서 침묵으로 간직하고 하느님께 가져가는 것입니다. 이를 통해 자신에게 발생한 일이 마음 안에서 복음으로 결론지어집니다. 사실 마음이라는 것은 자신은 물론 사랑하는 이들과 삶의 중심을 보게 만듭니다. 그러므로 순례하는 그리스도인인 우리 역시 한 해를 시작하며 중심에서부터 재출발할 필요가 있습니다. 과거의 짐은 뒤로하고, 중요한 것부터 다시 시작할 필요가 있습니다. 하여 오늘 우리 앞에는 출발점이 있습니다. 바로 '하느님의 어머니'죠. 성모 마리아는 하느님이 우리를 사랑하시는 것처럼 그분의 교회를 사랑하시니까요. 마음으로는 하느님을 간직하고, 삶으로는 이웃을 보호하신 부드럽고 겸손하시며 물질적으로는 가난하시나 사랑으로 충만한 어머니는 원죄로부터 자유로워지셨으며, 예수님과 하나가 되셨습니다.

그러므로 새 출발을 위해서 우리는 어머니를 바라봐야 합니다. 성모님의 성심은 교회의 심장을 더욱 힘차게 뛰도록 채근하니까요. 오늘의 축제는 우리에게 앞으로 나아가기 위해서는 뒤로 돌아가는 것이 필요하다고 알려 줍니다. 구유에서부터 다시 시작하는 거죠. 하느님을 품 안에 안고 계신 어머니로부터 시작하는 겁니다. 따라서 성모 마리아에 대한 신심은 단순히 영적인 의례가 아닙니다. 그리스도인 삶의 필수 조건인 셈이죠. 어머니를 바라봄으로써 우리는 여러 불필요한 짐을 버리고, 정말 중요한 것이 무엇인지 되찾을 수 있는 용기를 얻게 되니까요.

그러므로 성모님과 모든 어머니, 여인의 재능이 어머니이자 그분의 배필인 교회를 위해 얼마나 소중한지 모릅니다. 남자들이 종종 편을 나누어 주장하고 이념을 강요하는 동안, 여인들, 특히 어머니들은 마음속에 간직하고 마음속에서 서로를 연결하며 생기를 불어넣는 법을 아니까요. 왜냐하면 신앙은 이념이나 교의 정식 하나로 축소될 수 없기 때문입니다. 이에 우리 모두에게는 '엄마의 마음'이 필요합니다. 하느님의 자애로움을 간직하고 사람의 심장 소리를 들을 줄 아는 엄마의 마음 말입니다.

하느님 구원 사업의 결정적 표지인 성모님은 올 한 해도 우리를 보호하여 주시며, 당신 아드님의 평화를 우리 마음과 온 세상에 전하여 주소서.

그럼 이제 우리도 자녀로서, 에페소의 그리스도인들이 주교들 앞에서 했던 방식대로 성모님께 인사해 보겠습니다. 네, 성모님 교의 문제를 논의하고자 공의회에 참석했던 그들이 주교들 앞에서 했던 것처럼 말이죠. '천주의 성모 마리아님Santa Madre di Dio!'라고 마음으로부터 세 번 외쳐 봅시다.

"천주의 성모 마리아님Santa Madre di Dio!"

"천주의 성모 마리아님Santa Madre di Dio!"

"천주의 성모 마리아님Santa Madre di Dio!"

오늘처럼 하느님이 필요한 날은 없었다

당신의 눈길, 마음, 손과 발이 우리에겐 필요합니다

2016년 12월 8일
원죄 없이 잉태되신 동정 마리아 대축일에 성모님께 드리는 기도

전통적으로 교황님은 12월 8일 원죄 없이 잉태되신 동정 마리아 대축일 오후 로마의 스페인 광장에 있는 성모상에 꽃을 봉헌하시며, 로마 시민과 전 세계 사람들을 위해 성모님의 전구를 청하십니다. 이는 교황님이 2016년에 꽃을 봉헌하시며 드린 기도입니다.

오, 원죄 없이 잉태되신 우리 어머니 마리아시여.
저는 당신의 축일을 맞아 당신을 찾아왔습니다. 한데 저

혼자 온 것이 아닙니다. 저는 당신의 아드님께서 저에게 맡겨 주신 모든 이와 함께 이 자리에 와 있는 셈이니까요. 저는 당신께서 축복하시고 온갖 비탄으로부터 구하고자 하시는 이곳 로마와 온 세상의 모든 이와 함께 와 있습니다.

어머니, 저는 당신께 어린아이들, 특별히 홀로 내버려져 착취와 온갖 꼬임에 시달리는 어린 친구들을 의탁합니다. 다음으로 저는 세상의 모든 가족을 당신께 맡깁니다. 자신들의 소임을 그 삶과 공동체 속에서 묵묵히 행하는 일상적이고도 때로는 감추어진 가족 말입니다. 특별히 내외적으로 갖가지 문제들 때문에 어려움을 겪는 가족들을 당신께 맡겨 드립니다. 아울러 어머니, 저는 모든 남녀 노동자를 당신께 인도합니다. 무엇보다 저는 당신께, 어쩔 수 없는 필요에 의해 궂은 일도 마다하지 않는 이들과 일자리를 잃었거나 아직 찾지 못한 이들을 맡겨 드립니다.

어머니, 우리에게는 죄로 더럽혀지지 않은 당신의 눈길이 필요합니다. 뭇사람들과 여러 사태에 대해 이기적이거나 위선적인 흥미로서가 아니라, 존중과 인정의 마음으로 바라볼 수 있는 능력을 되찾기 위해서 말입니다. 우리에게는 당신의 원죄 없으신 마음이 필요합니다. 자신의 이익이 아니라 상대의 선익을 위해 허위와 가식을 벗고 솔직하고 단순한 마음으로 어떤 대가도 없이 상대를 사랑하기 위해서 말입니다.

다음으로 우리에게는 당신의 죄에 오염되지 않은 손이 필요합니다. 상냥하게 사람들을 쓰다듬으며 가난하고 병들고 절망한 형제들 속에서 예수님의 몸을 만져 확인할 수 있도록 말입니다. 네, 넘어진 이를 일으켜 세우고 비틀거리는 이를 붙잡아 주기 위해 우리는 당신의 손이 필요하죠. 우리는 죄악에 물들지 않은 당신의 그 발도 필요합니다. 그 첫걸음을 어찌 내디뎌야 할지 모르는 이들을 만나러 가기 위해서, 방황하는 이들의 여정을 함께하고, 홀로 된 이들을 찾아 나설 수 있도록 말입니다.

어머니, 감사드립니다. 당신은 우리에게 온갖 죄와 허물로부터 자유로워질 수 있음을 보여 주셨습니다. 당신은 우리에게 그 어떤 것보다도 '하느님의 자비'와 우리를 위해 생명을 주신 '예수 그리스도의 사랑' 그리고 모든 것을 새롭게 하시는 '성령의 힘'이 그 첫 번째임을 기억하게 하셨습니다.

그러므로 청하오니 저희가 낙담에 빠지지 않게 하시며, 당신의 끊임없는 도움을 신뢰함으로써 우리 자신은 물론, 이 도시와 온 세상의 변화와 쇄신을 위해 온전히 노력할 수 있도록 도와주소서. 거룩하신 천주의 성모님, 우리를 위하여 빌어 주소서!

오늘처럼 하느님이 필요한 날은 없었다

제5장

팔을 벌려 안아라

아이들이 우리를 보고 있어
—어떻게 자녀 교육을 하냐고요?

2017년 3월 25일
밀라노 대교구 사목 방문 중 젊은이들과의 질의응답

[부부] 안녕하세요? 저희는 모니카와 알베르토 부부입니다. 저희는 견진성사를 앞두고 있는 세 자녀의 부모입니다. 저희가 교황님께 여쭈어 보고 싶은 질문은 이것입니다. 어떻게 해야 자녀들에게 신앙의 아름다움을 알려 줄 수 있을까요? 저희가 지루하거나 고루하지 않고, 권위적으로 보이지 않도록 알려 주시기를 바랍니다. 어떻게 해야 할까요?

[교황님] 저는 이러한 질문을 이전부터 많이 들어왔습니다.

그래서 대답을 명확히 해 드리기 위해 몇 가지 핵심 사항을 적어 왔더랬습니다. 이렇게 말씀드리고 싶네요.

　우선 이 질문은 부모로서 갖는 매우 핵심적인 질문이라고 생각합니다. 이에 저는 먼저 여러분에게 이런 질문을 해 보고 싶네요. 여러분의 기억을 되살려서 생각해 보세요. 여러분의 신앙에 큰 흔적을 남긴 분들이 어떤 분들이셨는지, 그리고 그분들의 어떤 모습에 큰 감동을 받았는지 말입니다. 자녀들을 위해 저에게 하셨던 질문을 다시 여러분에게 하는 것입니다.

　분명 여러분에게 신앙을 전해 주고, 그 신앙이 자라나는 데 도움을 준 사람이나 상황 등이 있을 것입니다. 이에 저는 부모인 여러분에게 단 몇 분 동안만이라도 어렸을 적으로 돌아가 보라고 말씀드리고 싶습니다. 그리고 여러분이 신앙을 갖는 데 도움을 준 그 사람들을 기억해 보세요.

　내가 신앙을 갖는 데 누가 도움을 주었나요? 아버지와 어머니, 할아버지와 할머니, 교리 교사, 친척, 본당 신부님, 이웃들……. 이 밖에도 여러 사람이 있겠죠. 기억나는 사람을 모두 떠올려 보세요. 우리에게 신앙을 전해 주고 키워 준 그 사람들 가운데 특히 마음속에 남는 사람을 떠올려 보세요.

지금 저는 여러분을 어떤 모험으로 초대하고 있습니다. 잠시 침묵하며 누가 나의 신앙에 도움을 주었는지 생각해 봅시다.

제 경우를 말씀드리겠습니다. 제가 이 질문에 답하기 위해서는 이곳 롬바르디아 지역과 관련된 기억을 떠올려야 합니다. 저에게 믿음을 심어 주시고 자라도록 해 주신 분은 이곳 로디 교구의 신부님이셨으니까요. 그분은 제게 세례를 주신 멋진 분이셨죠. 저는 그분을 종종 찾아뵙곤 하였습니다. 그리고 그분은 제가 예수회 수련소에 들어갈 때까지 저와 함께해 주셨습니다. 네, 지금 이 모든 것이 롬바르디아의 여러분 덕분이에요. 고맙습니다. 저는 그 신부님을 결코 잊을 수가 없습니다. 그럼요. 절대 잊을 수 없고말고요. 그분은 고해성사의 사도셨습니다. 자비롭고 좋은 일꾼이셨죠. 그분은 제 신앙에 도움을 주셨습니다.

모두 생각해 보셨나요? 저에게 도움을 주신 분처럼, 여러분의 신앙에도 도움을 주신 분들 말입니다. 아울러 저는 여러분이 왜 이러한 작은 시도부터 해야 하는지도 생각해 보시기를 바랍니다. 사실 우리의 자녀들은 늘 우리를 바라보고 있기 때문이죠. 설령 뭐가 뭔지 제대로 깨닫지는 못할지라도 아이들은 우리를 매 순간 주시하며 보이는 모습 그대로 배웁니다.

"아이들이 우리를 보고 있어I bambini ci guardano."

네, 이것은 1943년도 비토리오 데시카 감독의 영화 제목이기도 하죠. 한번 찾아보세요.

저는 세계 대전이 끝나고 얼마 뒤에 만들어진 이 이탈리아 영화를 소개하는 걸 매우 좋아합니다. 왜냐하면 이것이야말로 '진짜' 인류애를 가르치는 교리 교육이라고 생각하기 때문이죠. 자, 다시 강조해서 말씀드리겠습니다. '아이들이 보고 있습니다.'

예를 들어 부모들이 싸울 때 아이들이 느끼는 불안은 상상 이상입니다. 부모가 싸우는 모습을 보는 아이들은 매우 고통스럽죠. 그리고 부모가 만약 이혼이라도 하게 되면, 그 대가는 자녀가 치르는 셈입니다. 따라서 자녀를 세상에 데리고 나오셨다면, 부모는 이것을 기억해야 합니다. 우리는 이 아이를 신앙으로 키울 의무가 있다는 점을 말입니다. 그리고 이런 점에서 교황 권고 《사랑의 기쁨》을 자세히 읽는 것이 여러분에게 도움이 될 것 같군요. 무엇보다도 사랑과 혼인에 관한 1장 말입니다. 더불어 핵심적인 내용이 담긴 4장도 도움이 될 것입니다.

하지만 무엇보다도 이 점을 잊으시면 안 됩니다. 부모의 다툼으로 고통을 겪은 아이들은 신앙 안에서 제대로 자랄 수 없습니다. 자녀들은 부모의 기쁨과 슬픔 그리고 걱정들을 알아보기 때문입니다. 모든 것을 기억하고 모든 것을 알아차립니다. 그리고 매우 직관적이어서 주어진 것들을 통해 나름의 결론과 가르침을 찾아 내곤 합니다. 또 아이들은 매우 영특해서 부모가 자신들을 속이고 있는지, 그렇지 않은지도 잘 알고 있습니다.

그러므로 제가 여러분에게 말씀드리고 싶은 첫 번째는 이것입니다. 자녀들을 돌보시기 바랍니다. 자녀들의 마음을 살피고 그들의 기쁨을 돌보세요. 그들의 희망을 지켜 주시기 바랍니다.

❖ 자녀에게 어떻게 하면 신앙을 전해 줄 수 있느냐는 물음에 교황님은 '아이들이 우리를 보고 있다.'라는 단순하지만 아주 본질적인 답을 주셨습니다. 교황님의 이러한 대답을 들은 아이들이 우레와 같은 환호성을 보내는 모습에서 저는 울컥해졌습니다. 왜 괜히 제가 울컥해졌는지……. 맞습니다. 아이뿐 아닙니다. 우리 모두는 가만히 있어야 할 '가마니'도, 그냥 보고만 있어야 할 '보자기'도 아닙니다. 비록 자리나 지위는 낮을지언정, 우리는 모두 소중하고 귀한 사람입니다.

아이들이 보고 있어-어떻게 자녀 교육을 하냐고요?

"왜 혼인성사를 하지 않니?"라고 서둘러 말하지 마세요

2016년 6월 16일
로마 교구 총회 첫날 질의응답

[남성] 교황님, 안녕하세요. 오늘날 우리는 어디를 가든 혼인의 위기라는 말을 듣습니다. 이에 저는 오늘날 젊은이를 교육할 때 무엇이 핵심이 되어야 하는지 궁금합니다. 어떻게 해야 성사적인 혼인의 본질에 대해 그들이 가진 저항감과 회의주의, 실망을 떨쳐 내고 결정 내리는 것에 대한 두려움을 이겨 나가도록 할 수 있을까요?

[교황님] 오늘날 우리는 결정 내리기를 두려워하는 '잠정적

인 문화'에서 살고 있습니다. 몇 달 전 어느 주교님이 제게 이런 말씀을 하셨습니다. 하루는 그분께 대학을 졸업한 썩 괜찮은 청년이 한 명 찾아왔더랍니다. 그러고는 이렇게 말했다고 하더군요.

"저는 신부가 되고 싶습니다. 딱 10년 동안만요!"

네, 바로 이러한 것이 '잠정적인 문화'라는 것입니다. 그리고 이러한 일이 모든 곳에서, 심지어 사제 생활이나 수도 생활에서도 벌어집니다. 모든 게 잠정적이고 일시적이라는 생각 말입니다. 이러한 이유로 오늘날 우리의 성사적 혼인의 의미가 거의 없어지게 된 거죠. 왜냐하면 오늘날 결혼하는 이들은 "네, 평생 동안"이라고 말하지만, 정작 그들은 이 말의 의미를 잘 모르고 있습니다. 그들은 다른 문화를 가지고 있는 셈입니다. 그들은 분명 선한 의도를 지니고 있지만, 이에 대해 제대로 이해하고 있지는 않습니다.

제가 부에노스아이레스의 주교로 있을 때 어떤 부인이 제게 이렇게 힐난하셨습니다. "신부님들은 참으로 좋으시겠어요! 왜냐하면 신부가 되기 위해 8년 동안 공부하고도 만약 일이 잘 풀리지 않거나 자신을 좋아해 주는 여인을 만나게 되면, 결혼 약속을 하고 가정도 꾸리잖아요. 우리 평신도들은 평생 헤어지지 않겠노라고 성사를 드려야 하는데 말이죠. 신부님들은 우리에게 평생을 함께해야 한다고 말씀하시면서 혼인을 위한 교육도 네 차례나 시키시잖아요!"

혼인을 위한 준비 교육도 고민거리입니다. 이러한 고민은 사회적 현실과 매우 밀접히 연관되어 있습니다. 저는 작년 이곳 이탈리아에서 있었던 일이 기억납니다. 저는 예전에 참피노에서 한 청년을 알게 되었습니다. 그때 그 청년은 결혼을 앞두고 있었죠. 그 청년을 불러 저는 이렇게 말했습니다.

"어머니가 내게 그러시던데, 다음 달에 결혼한다면서요?"

"네, 그렇습니다."

"어디에서 할 생각인가요?"

"아직 잘 모르겠어요. 저희는 아내의 드레스와 어울리는 성당을 찾고 있거든요. 그리고 저희는 해야 할 일이 너무 많아요. 답례품도 준비해야 하고, 그다음에는 식당도 잡아야 하고요……."

청년은 이런 걱정을 하고 있었습니다. 이것이 현실이죠.

이런 현실을 어떻게 바꿀 수 있을까요? 저는 잘 모르겠습니다. 다만 부에노스아이레스의 상황에 대해서만 말씀드린다면, 저는 부에노스아이레스에서 다음의 경우 종교적 전례로 혼인하는 것을 금지했습니다. 소위 '문제 결혼matrimonios de apuro'이라고 부르는 경우인데요. 그러니까 출산이 임박하여 '서둘러', 마치 '어쩔 수 없이' 결혼하는 경우입니다. 네, 지금은 많이 바뀌었습니다만, 여전히 이러한 경우가 있습니다. 사회적 이목 때문에 아기가 태어날 즈음하여 서둘러 결혼식을 해치우겠다는 생각인 거죠. 그래서 저는 이를 금지했습니다. 이런 건 자유로운 혼인이 아닌 거죠. 물론 어쩌면 그들은 정말 사랑하고 있을지도 모릅니다. 물론 몇몇 좋은 사례들도 있었습니다. 아기를 낳고 결혼해 2~3년 뒤 아이의 손을 잡고 함께 성당으로 오는 모습도 보았습니다. 순서는 바뀌었지만, 그들은 자신들이 진정으로 무엇을 해야 하는지를 알고 있는 것이죠.

따라서 혼인의 위기는 결혼이라는 성사가 무엇인지 잘 모르기 때문에 생긴 것입니다. 그 성사의 가치를 잘 모르기 때문이죠. 혼인의 불가 해소성이 무엇인지, 평생을 함께한다는 것이 무엇인지 잘 모르기 때문입니다.

부에노스아이레스에서 겪은 또 다른 경험을 말씀드리겠습니다. 보통 본당에서 혼인 교리 강좌를 개설하면 대개 열두 쌍 정도의 예비부부들이 옵니다. 30명이 채 되지 않죠. 그들에게 하는 첫 번째 질문은 바로 "동거하고 있는 분들이 있으신가요?"입니다. 그러면 대다수가 손을 들죠. 네, 요즘은 동거를 선호합니다. 이것은 분명 많은 고민거리를 만드는 결정입니다. 그러나 "왜 혼인성사를 하지 않니?"라고 너무 서둘러 말하지 마세요. 그들이 성숙할 때까지 기다려 줘야 합니다. 더불어 그들의 신앙이 성숙하도록 도와줘야만 하죠.

이와는 사뭇 다르게 아르헨티나의 북동부 시골 지역에는 풍습이 하나 있습니다. 바로 여자 친구가 아기를 임신하면 동거를 시작한다는 거죠. 네, 시골에서는 아직도 이런 일이 일어나곤 합니다. 그런 다음, 자녀가 학교에 갈 나이가 되면 그제야 사회혼을 올리는 거죠. 그리고 그 이후에 어르신들의 성화에 못 이겨 성당에서 성사혼을 맺는 겁니다. 그 이유는 성사혼을 빨리 하면 남편이 죽는다고 믿기 때문입니다. 이것은 분명한 미신입니다. 예전에 병자성사를 종부성사라 하여 죽을 때가 되어서야 받아야 한다고 믿었던 것처럼요. 우리는 이런 미신을 타파해야만 합니다. 제가 비록 동거하는 이들에게서 참으로 신실한 믿음을 보았다고 해도 말입니다. 물론, 저는 이것 역시 분명 혼인의 한 형태고, 혼인의 은총을 지니며 그들 역시 진정한 믿음을 가지고 있다고 확신합니다. 하지만 다른 한편에는 미신이나 풍습도 존재하죠. 그래서 혼인에 대해 사목적 어려움이 있는 것이고요.

다음으로 우리는 가족의 평화를 생각해야 합니다. 이는 단순히 가족끼리 다툼이 있을 때만을 뜻하는 것이 아닙니다. 항상 서로에게 평화를 빌어 주는 것으로 하루를 마쳐야 한다는 뜻입니다. 왜냐하면 냉전의 나날이 계속되면 훗날 더 나빠질 수 있으니까요. 아울러 양쪽 집안이 얽힌다면 더 고약하죠. 며느리나 사위를 본다는 것은 쉽지 않은 일입니다. 이에 저는 자매님들이 기억해 두면 좋은 이야기를 하나 들려드리죠. 바로, 초음파 검사로 아들을 잉태한 것을 확인한 순간부터, 바로 그 순간부터 시어머니 되는 법을 공부해야 합니다.

그럼 다시 원래의 문제로 돌아가 보죠. 결혼에 대한 준비 말입니다. 우리는 서로에 대해 친밀감을 가지고 불안함 없이 이를 행해야만 합니다. 대부분의 경우 천천히 함께 걸어가야 할 나눔의 여정이니까요. 오늘날에도 순결과 큰 사랑을 지닌 청년들이 있습니다. 자신들이 무엇을 지켜야 하는지를 잘 알고 있는 청년들이죠. 다만 그 수가 적을 뿐입니다. 오늘날의 세태로 보자면 이러한 청년들은 정말 훌륭한 사람들입니다. 그리고 우리는 그들에게 가까이 다가가 그 완성에 이를 때까지 동반해 주어야 합니다. 그리하여 그들이 혼인성사를 '기쁘게' 받아들일 수 있도록 말입니다. 이를 위해서는 인내가 필요합니다. 많은 인내가 필요하죠. 더불어 이와 같은 인내는 부르심을 기다리는 사목자들에게도 필요합니다. 같은 내용이라도 계속해서 들어 주세요. 들어 줌의 사도로서 들어 주고 함께하세요. 제발 놀라거나 두려워하지 마세요.

❖ 교황님의 이 말씀은 파격破格입니다. 교황님은 남들의 이목 때문에 성사혼이든 관면혼이든 신자답게 혼인하라고 채근하는 것이 오히려 혼인의 본질을 흐리게 만드는 것일 수도 있다고 지적하셨습니다. 물론 오해나 확대 해석은 하지 말아야 합니다. 하지만 한 가지 확실한 것은 진짜 중요한 본질이 무엇인지 우리는 놓치고 있었다는 점입니다. 네, 우리는 겉보기에만 알맞은 해답을 요구하고 있었는지도 모릅니다.

오늘처럼 하느님이 필요한 날은 없었다

제2의 생일, 아기에게는 왜 안 챙겨 주시나요

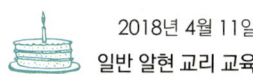 2018년 4월 11일
일반 알현 교리 교육

사랑하는 형제자매 여러분, 안녕하세요.

전례력으로 부활 시기 50일 동안은 그리스도에게서 비롯되는 우리 그리스도인의 삶을 되돌아보기에 참으로 좋은 때입니다. 우리 안에 그리스도께서 사시도록 우리 자신을 내어놓음으로써 우리는 그리스도인이 되기 때문입니다.

하지만 그리스도를 우리 안에 모시기 위해 내면을 회복하려 한다면 어디에서 출발해야 할까요? 우리가 그리스도인의 삶을 시작하도록 빛을 밝혀 주는 성사는 무엇일까요? 그것은 바로 '세례성사'입니다. 새로 남과 쇄신의 원천인 그리스도의 부활은 우리를 그분의 형상으로 변화시키는 '세례를 통하여' 우리에게 이릅니다. 곧 세례받은 이들이란 예수 그리스도의 사람들이며, 그분은 세례받은 이들의 주님이신 거죠. 따라서 세례는 '모든 그리스도인 삶의 원천'입니다. 분명히 기억해 두시기 바랍니다. 세례는 '모든 그리스도인 삶의 원천'입니다.

세례는 첫 번째 성사로서 개개인의 인격 안에 그리스도께서 머무시도록 초대하고, 우리가 그분 신비로 뛰어들게 하는 '문'이 됩니다. 그러므로 '세례받다'라는 그리스이의 본뜻은 '뛰어들다', '잠기다', '담그다'죠. 네, 물에 잠긴다는 것은 여러 종교에서 하는 공통적인 의식으로, 어떠한 조건에서 다른 상태로 넘어가는 것이나 새로운 시작을 위한 정화의 상징입니다. 하지만 우리 그리스도인은 단순히 몸을 물에 담그는 것으로 만족해서는 안 됩니다. 세례는 죄를 용서받고 거룩하게 빛나기 위해 영혼을 그리스도 안에 담그는 것입니다. 다시 말해 '세례'는 '다시 태어남'입니다.

우리 모두는 각자의 생일을 분명히 기억하고 있습니다. 네, 아주 확실히 기억하고 있죠. 하지만 솔직히 저는 좀 긴가

민가합니다. 그래서 여러분에게 묻겠습니다. 여러분은 세례 받은 날짜를 기억하고 있나요? 몇몇 분은 '그렇다.'라고 말씀하시네요. 네, 아주 좋습니다. 그런데 그렇게 대답하시는 분이 많지는 않네요. 왜냐하면 우리는 종종 이 날짜를 기억하지 못하니까요. 그렇지만 우리가 생일은 축하하고 기념하면서 어째서 새로 태어난 날은 기념하지 않는 거죠? 적어도 기억은 해야 하는데 말입니다. 그래서 저는 여러분에게 숙제를 드리려고 합니다. 네, 집에 가서 해야 할 오늘의 과제입니다. 여러분 가운데 세례받은 날짜가 기억나지 않는 분은 부모님이나 삼촌, 숙모 혹은 사촌들에게 물어보시기 바랍니다. "혹시 내가 세례받은 날이 언제인지 아세요?"라고 말이죠. 그리고 그날을 절대 잊지 마시기 바랍니다. 아울러 그날에 대해 주님께 감사하십시오. 왜냐하면 바로 그날 예수님은 내 안에 들어오셨으니까요. 바로 그날 성령께서 내 안에 임하셨습니다. 그래서 우리 모두는 세례받은 날을 기억해야 합니다. 제2의 생일이니까요. 다시 태어난 날이기 때문에 절대 잊으면 안 됩니다.

이러한 세례성사는 교리 교육이라는 신앙의 여정을 통해 이루어집니다. 성인이 되어 세례받는 경우, 교리 교육은 필수입니다. 그런데 초기 교회 시절부터 어린아이들은 부모의 신앙 안에서 세례를 받았습니다. 이와 관련하여 여러분께 한 말씀드리겠습니다. 사실 어떤 이들은 이렇게 생각할 수도 있습니다. 이해도 못 하는 아이들에게 왜 세례를 베푸느냐고 말이죠. 그렇다면 우리는 그들이 자라 그것을 이해하고 스스로 세례를 청하기를 기다려야 할까요? 하지만 이것은 성령에 대한 믿음이 없다는 것을 뜻합니다. 왜냐하면 우리가 한 아기에게 세례를 베푼다고 할 때, 이 아기 안에 성령이 임하시기 때문입니다. 더불어 성령은 아기 안에서, 아울러 그 아기에게서 훗날 꽃피우게 될 그리스도인의 덕성들을 키우실 테니까요.

그러므로 우리는 항상 이러한 기회를 모두에게, 모든 아기에게 주어야만 합니다. 그들이 자신의 삶 전체를 인도해 주실 성령을 맞아들일 이 기회를 말입니다. 따라서 아이들에게 세례를 꼭 주어야 한다는 사실을 잊지 마시기 바랍니다! 사실 세례받을 자격이 없는 이는 없습니다. 세례는 누구에게나 주어지는 무상의 선물이죠.

이 선물은 생명으로 충만한 씨앗으로 믿음으로 일구어진 비옥해진 땅에서 뿌리를 내리고 열매를 맺습니다. 그래서 매년 부활 성야 때 갱신하는 세례 서약은 매일매일 '그리스도화'하도록 우리를 새롭게 합니다. 이 말마디를 두려워해서는 안 됩니다. 네, 우리를 '그리스도처럼 만드는' 세례라는 말입니다. 왜냐하면 세례받은 이란, '그리스도화되었다'는 뜻이며, 그리스도와 비슷하게 되고, 그리스도로 변화되어 또 다른 그리스도가 된다는 것이니까요.

자, 그럼 제2의 생일이자, 다시 태어난 날인 세례받은 날이 언제인지 꼭 알아보십시오. 그리고 반드시 기억하십시오.

❖ 생일은 챙기고 축하하면서, 정작 '그리스도인'으로 새로 태어난 세례받은 날은 가물가물하니, 제가 잘못 살았나 하는 생각이 듭니다. 이제부터라도 달력에 적어 놓고 반드시 챙겨야겠습니다. 그나저나 짐짓 아이의 동의를 얻어 자주성을 키워야 한다는 이유로 점차 유아 세례가 줄어드는 요즘 추세에 교황님이 딱 알맞은 말씀을 하셨습니다. 세례는 '우리 인간이 하는 것'이 아니라 '성령이 하시는 일'이라고 말입니다. 그러므로 나중에 아이가 크면 선택하게 하려 했다는 핑계보다는, 성인인 내가 신앙의 가치를 잘 몰라 소홀했다고 하는 것이 그나마 솔직한 고백 같습니다. 사실 그렇다면 아이가 싫다는데 밥은 왜 먹이고, 학교는 왜 보내며, 심지어 학원은 왜 가라고 강요하실까요?

다른 이유를 모두 제치더라도 약의 성분이나 효과를 잘 모르면서도 아이의 건강을 위해 예방 주사를 맞히지는 않나요. 그렇다면 영혼과 마음의 건강을 위해 예방 접종 차원에서 유아 세례를 챙기는 것도 좋을 듯합니다. 그렇게 하면 일이 잘 안 풀리고 짜증이 극에 달할 때 적어도 그 화를 사람에게 푸는 것보다 하느님에게, 또 성인들에게 도움을 요청할 수 있을 테니까요.

오늘처럼 하느님이 필요한 날은 없었다

하느님이 아기로 오신 이유, 팔을 벌려 안아라!

2017년 12월 25일
주님 성탄 대축일 밤 미사 강론

'마리아는 첫아들을 낳아 아기를 포대기에 싸서 구유에 뉘었다. 여관에는 그들이 들어갈 자리가 없었던 것이다.'(루카 2,7 참조)

단순하지만 너무도 명확한 이 설명으로 루카 복음사가는 우리를 이 거룩한 밤의 핵심으로 이끕니다. 곧 마리아가 해산하는 날이 되어 우리에게 빛을 주었다는 거죠. 이 설명은 아주 단순하지만 우리로 하여금 우리의 역사를 완전히 바꾸어 버린 한 사건에 몰입하게 만듭니다. 바로 그날 밤 모든 것이 바뀌고, 희망의 원천이 생겨났으니까요.

몇몇 복음 구절을 살펴봅시다. 우선 황제의 칙령으로 마리아와 요셉은 떠나야만 했습니다. 그들은 집과 이웃, 고향을 떠나 호적을 등록하기 위해 길을 나서야만 했습니다. 이는 임신한 젊은 부부에게 분명 편하지도 쉽지도 않은 여정이었습니다. 그들은 살던 곳을 떠나야만 했으니까요. 하지만 그들의 마음속에는 미래와 희망으로 가득 차 있었을 겁니다. 조만간 태어날 아기 때문에 말이죠. 또한 그들의 여정은 제 집을 떠나야 하는 이들이 맞닥뜨리는 불확실성과 위험으로 가득 차 있었던 것도 사실이죠. 그리고 이후 그들은 아마도 가장 어려운 상황에 직면하게 됩니다. 바로 베들레헴에 도착한 그들을 아무도 맞아 주지 않는 경험을 한 거죠. 그곳에는 그들이 들어갈 자리가 없었습니다. 그리고 바로 그곳에서, 분명 하나의 도전이라고 할 만한 그 현실에서 마리아는 우리에게 '임마누엘(예수님)'을 선사했습니다.

하느님의 아드님은 마구간에서 탄생하셔야만 했습니다. 왜냐하면 그곳에는 그분이 들어갈 자리가 없었으니까요. "그분께서 당신 땅에 오셨지만 그분의 백성은 그분을 맞아들이지 않았다."(요한 1,11) 하지만 바로 그곳에, 즉 멀리서 오는 이방인들을 위한 자리도 공간도 없는 도시의 어둠 속에서, 더 솔직히 말해 타인에게는 등을 돌린 채 저 자신만 성장하기를 바라는 것처럼 보이는 번잡한 도시의 그 어둠 속, 바로 그곳에서 하느님 자애의 혁명적인 불꽃이 켜졌습니다. 자신의 마을과 나라 그리고 꿈을 잃은 이들을 위한 자그마한 실마리가 저 베들레헴에서 생긴 것입니다. 녹록지 않은 삶에 질식한 이들에게 열린 기회로서 말입니다.

요셉과 마리아의 여정 가운데에는 많은 발걸음이 숨겨져 있습니다. 오늘날 길을 떠나야만 하는 가족의 발걸음을 한번 살펴봅시다. 자신들의 선택이 아니라 어쩔 수 없이 마을을 떠나 가족과 떨어져야만 하는 수많은 이의 여정을 되짚어 봅시다. 대개 떠나는 이는 출발할 때 희망과 미래에 대한 계획으로 가득 차 있습니다. 그러나 요셉과 마리아는 단 하나의 이유, 곧 '생존' 때문에 가족과 마을을 떠나야만 했습니다. 이는 자신의 권력을 유지하고 부를 쌓기 위해서 무죄한 이들이 피를 흘리는 것도 마다하지 않았던 헤로데 때문입니다. 그들을 위한 자리가 없었다는 점에서 요셉과 마리아는 하늘나라의 시민권을 주실 분을 맞아들인 첫 번째 사람들이 되었습니다.

그분은 당신의 궁핍과 하찮음을 통해 진정한 힘과 참된 자유란 가장 약한 이들의 연약함을 존중하고 돌보는 것임을 보여 주셨습니다. 그러므로 그날 밤, 태어날 자리가 없었던 그분은 화려한 도시의 길거리나 잔칫상에 자신의 자리가 없는 이들에게 알려지셨습니다. 사실 목동들이 성탄 복음의 첫 번째 청자였습니다. 그들은 맡은 임무 때문에 공동체의 가장자리에서 살아야만 했습니다. 하여 그들은 생활 조건과 머무는 장소 때문에 모든 종교적 정화 의식을 지키지 못했습니다. 이로 인해 그들은 부정한 이들로 취급받았죠. 그들의 피부색과 의복, 체취, 말투, 혈통은 그들의 존재를 결정지어 버렸습니다. 그들은 모든 면에서 불신의 대상이 된 것입니다. 한데 멀리 떨어져 살아야만 하는 이들은 두려움을 갖습니다. 그들은 신자들 사이에서는 이교도로, 의인들 사이에서는 죄인으로, 시민들 사이에서는 이방인으로 간주됐으니까요. 그런데 이러한 이교도이자 죄인이며 이방인인 그들에게 천사는 말합니다. "두려워하지 마라. 보라, 나는 온 백성에게 큰 기쁨이 될 소식을 너희에게 전한다. 오늘 너희를 위하여 다윗 고을에서 구원자가 태어나셨으니, 주 그리스도이시다."(루카 2,10-11) 바로 이것이 우리가 오늘 밤 초대받아 함께 나누고 기념하며 선포하는 기쁨입니다. 다시 말해 하느님의 무한한 자비 안에서 함께하게 된 이 기쁨은 이교도이자 죄인이며 이방인인 우리를 끌어안을 뿐만 아니라, 우리에게 그렇게 하라고 촉구하는 기쁨입니다.

이 밤에 대한 믿음은 우리가 하느님이 없다고 여겼던 모든 상황에 실은 하느님께서 계셨음을 깨닫게 합니다. 그분은 우리가 눈치채기는 어렵지만, 늘 도움을 주고 싶어 안달이 난 방문객으로 계십니다. 그분은 우리가 도시나 마을을 거닐 때, 일상생활에서 버스를 타고 다닐 때 만날 수도 있고, 또 우리의 문을 두드리실 수도 있죠. 이러한 믿음은 우리가 새로운 사회를 꿈꾸는 것이 가능하도록 이끕니다. 그 누구도 이 땅에 자신의 자리가 없다고 느끼지 못하게 할 새로운 관계를 만들도록 두려워하지 않게 이끌어 주죠. 따라서 성탄은 사랑의 힘으로 근심 걱정의 위력을 사라지게 하는 시기입니다. 사랑은 늘 새로운 돌파구를 만들어 주니까요. 물론 여기서 말하는 사랑이란, 불공평한 사랑이 아닙니다. 용감무쌍하며 갈등과 분쟁 가운데에서 환대의 공간인 '빵의 집'(베들레헴)이 되는 사랑입니다.

요한 바오로 2세 성인 교황은 다음과 같이 말씀하셨습니다. "두려워하지 마십시오. 무엇보다 그리스도께 향하는 문을 활짝 열어젖히십시오." 하느님은 베들레헴에서 아기의 모습으로 우리가 진정 삶의 주인공이 되도록 우리를 만나러 오십니다. 그런데 우리가 두 팔을 들어 우리에게 오신 그분을 안아 올릴 때 비로소 진짜가 됩니다. 우리는 아기로 오신 그분을 들어 안아야 합니다. 그렇게 해야 그분 안에서 우리도 그분의 품 안에 안겨 들어 올려지는 것을 겁내지 않게 됩니다. 아울러 목마름을 받아들이는 것과 이방인, 헐벗은 이와 앓는 이 그리고 감옥에 갇힌 이를 받아들이는 것도 두려워하지 않게 되죠. 그러니 "두려워하지 마십시오. 무엇보다 그리스도께 향하는 문을 활짝 열어젖히십시오."

이 아기의 모습을 통해 하느님은 우리를 희망으로 채우도록 초대하십니다. 하느님은 우리가 결핍과 외로움의 무게로 나가떨어진 많은 이의 보호자가 되라고 초대하십니다. 그들의 결핍과 외로움은 너무 많은 문이 닫혀 있기 때문에 생긴 것입니다. 이 아기의 모습으로 오신 하느님은 우리를 환대의 주인공으로 삼으십니다. 그리하여 베들레헴의 작은 아기의 모습으로 오신 하느님을 선물로 받은 우리는 큰 기쁨으로 그분의 울음소리를 듣습니다. 그 울음소리는 우리의 무관심을 깨우고, 고통받는 이들 앞에서 우리가 눈을 뜰 수 있기를 당신께 청하도록 이끕니다. 당신의 자애로움은 우리의 감수성을 일깨우고, 우리의 도시와 역사 그리고 삶 안으로 들어오는 모든 이 안에서 당신을 발견하고 초대하도록 할 것입니다. 네, 당신의 그 혁명적인 자애로움은 우리가 희망을 지키고 자애로움을 풍성하게 하며, 우리가 나아갈 바에 대한 책임을 느끼고 실천하도록 해 주십니다.

❖ 우리를 안아 주기 위해 오시는 하느님을 제대로 받아들이기 위해서는 우리 역시 팔을 벌려 같이 안아야 함을 알려 주기 위해, 하느님께서 아기의 모습으로 오셨다는 설명에 괜히 뭉클해집니다. 아울러 머리가 아닌 마음과 손으로 신앙을 살아야겠다는 다짐도 해 봅니다. 안아 봐야 안길 수 있습니다. 안겨 봐야 안을 수 있습니다.

오늘처럼 하느님이 필요한 날은 없었다

어디로 가야 하냐고요?
바로 거기에 계십니다!

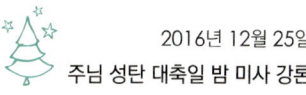

2016년 12월 25일
주님 성탄 대축일 밤 미사 강론

"과연 모든 사람에게 구원을 가져다주는 하느님의 은총이 나타났습니다."(티토 2,11)

바오로 사도의 이 말씀은 거룩한 오늘 밤의 신비를 잘 드러내 줍니다. 하느님께서 거저 주시는 선물인 은총이 오늘 나타난 것입니다. 오늘 태어난 아기는 우리를 위한 하느님의 사랑이 구체화되어 우리에게 선사된 선물입니다.

따라서 오늘 밤은 진정 영광스러운 밤입니다. 베들레헴에서 천사들이 선포했던 그 영광이 온 세상에 선포되고 고백되는 밤입니다. 더불어 오늘 밤은 기쁜 밤이기도 합니다. 왜냐하면 바로 '오늘'부터 언제나 영원히 하느님은 우리와 함께 계시니까요. 그것도 저 멀리 계시어 우리가 하늘 너머나 신비로운 사유 속을 헤매며 찾아야 하는 분이 아니라 우리 가까이 계신 분이십니다. 사람이 되시어 당신께서 지으신 우리의 인간성과도 결코 나누어지지 않도록 말입니다. 그러므로 이 밤은 광명의 밤입니다. 이사야가 예언했던 바와 같이 어두운 땅을 걷는 이에게 빛을 비춰 주는 빛의 밤인 거죠. 마치 베들레헴의 목동들에게 일어났던 일처럼 말입니다.

목동들은 우리를 위해 태어난 한 아기를 확실히 알아차렸습니다. 다시 말해, 이 모든 영광과 기쁨 그리고 모든 광명이 한 가지 사실로 집중된다는 것을 알아본 것입니다. 천사들이 '너희는 포대기에 싸여 구유에 누워 있는 아기를 보게 될 것'이라고 그들에게 알려 준 표징을 통해서 말입니다. 이것이야말로 언제나 예수님을 알아볼 수 있는 표징입니다. 단순히 그때만 그랬던 것이 아니라 오늘날에도 그러하죠. 따라서 만약 우리가 정말로 성탄을 축하하고자 한다면, 다음의 표징과 상징을 잘 묵상해야 합니다. 다시 말해, 갓난아기의 작음과 연약함과 소박함, 누워 있는 모습의 유순함, 그리고 그분을 감싸고 있는 포대기의 부드러움 등을 말입니다. 왜냐하면 바로 거기에 하느님이 계시니까요. 그리고 이러한 표징들을 통해 복음은 우리에게 하나의 역설을 드러냅니다. 곧 복음은 황제와 통치자, 당시의 권력자에 대해 말하지만, 하느님은 그들과 함께하지 않으셨습니다. 하느님은 왕궁의 화려한 연회장이 아니라 궁핍한 마구간에 나타나셨으니까요. 그분은 휘황찬란한 삶이 아니라 소박한 삶 속에서 태어나셨습니다. 그분은 권력을 가지지 않고 놀랍도록 사소하게 나타나셨습니다. 따라서 그분을 만나기 위해서는 저런 곳으로 가야 합니다. 그분이 계시는 저런 곳들 말입니다.

우리는 자신을 낮추고 낮춰 작아질 필요가 있습니다. 이에 오늘 밤 태어나시어 우리에게 말씀을 건네시는 아기는 우리에게 보다 본질적인 것을 찾기 위해서는 지나가고 마는 허상에서 벗어나라고 알려 주십니다. 아울러 만족할 줄 모르는 욕심을 포기하라고 하시며 그리고 언제나 잃을 수밖에 없는 것들 때문에 생기는 끝이 없는 불만과 아쉬움을 버리라고 알려 주시죠. 이런 것은 버리는 것이 좋습니다. 아기 하느님(예수님)의 단순함 안에서 평화와 기쁨 그리고 빛나는 생명의 의미를 다시 찾기 위해서 말입니다.

구유 속의 아기 예수님이 건네시는 말씀에 귀를 기울입시다. 또한 우리는 저 구유 속의 아기만이 아니라 오늘날 태어난 아기들에게도 귀를 기울여야 합니다. 요람에도 누워 있지 못한 채 엄마와 아빠의 보살핌을 받지 못하는 아기들 말입니다. 이 아기들은 초라하기 그지없지만 존엄성의 구유에 누여 있습니다. 이를테면 폭격을 피하기 위한 지하 대피소나 집이 없어 대도시의 길바닥, 열차 승강장 혹은 난민들이 가득 찬 탈출 보트의 배 밑바닥에 누여 있는 아기들이 있습니다. 우리는 생명을 위협받는 이러한 아기들에게 집중해야 합니다. 더불어 누구도 신경 쓰지 않아 배고픔에 울고 있는 아이들과 손에 장난감이 아닌 무기를 들고 있는 아이들에게도 관심을 가져야 합니다.

빛과 기쁨이라는 성탄의 신비는 우리에게 새로운 조언과 감흥을 주고 있습니다. 왜냐하면 바로 그 순간 희망과 슬픔의 신비가 공존하기 때문입니다. 사랑이 받아들여지지 않았다는 점에서 그것은 슬픔이 될 수밖에 없습니다. 그렇게 생명이 버려지는 거죠. 이런 일이 바로 요셉과 마리아에게 일어난 일이었습니다. 그들은 닫힌 문들만 발견할 수밖에 없었고, 그래서 하는 수 없이 예수님을 구유에 눕혀야만 했습니다. "여관에는 그들이 들어갈 자리가 없었던 것이다."(루카 2,7) 그러니까 예수님은 수많은 거부와 그보다 더 심한 무관심 속에서 태어나셨습니다. 그리고 오늘날에도 여전히 이러한 무관심은 존재합니다. 성탄이 그분이 아니라 우리가 주인공이 되는 축제가 될 때, 소비와 향락의 상점 불빛들이 하느님의 빛을 그늘로 밀어제칠 때, 그리하여 우리가 선물에만 신경을 쓰고 소외된 이들에게 아무런 느낌을 갖지 않을 때 존재하죠. 이러한 세속성이 성탄을 맞는 우리를 인질로 잡고 있습니다. 따라서 우리는 이것들로부터 자유로워져야 합니다.

성탄의 핵심은 희망입니다. 왜냐하면 우리의 어둠이 제아무리 클지라도 하느님의 빛은 빛나기 때문입니다. 그분의 애정 넘치는 빛은 겁낼 필요가 없습니다. 우리와 사랑에 빠지신 하느님은 우리를 자애로운 당신께로 이끄십니다. 우리 가운데에 가난하고 연약한 이로 태어나심으로써 말입니다. 그분은 '빵의 집'이라는 뜻의 베들레헴에서 태어나셨습니다. 그리고 이것은 마치 우리를 위한 빵으로 태어나셨음을 의미하는 것이라고 생각합니다. 그분은 당신의 생명을 우리에게 주고자 오셨으니까요. 당신의 사랑을 이 세상에 전하고자 오신 것입니다. 그분은 멸망시키거나 명령하러 오신 것이 아니라 양육하고 봉사하기 위해 오셨습니다. 그리고 여기에 바로 '구유'와 '십자가'의 연결 고리가 있는 거죠. 예수님은 장차 쪼개질 빵이 되실 것이니까요. 그리고 이 빵이야말로 그분이 우리를 구원하시는 사랑의 연결 고리인 거죠. 그분은 빵으로 우리 삶에 빛을 주시고, 우리 마음에 평화를 주실 것이니까요.

그날 밤, 다른 이들에게 무시당하던 목동들은 이 점을 이해할 수 있었습니다. 곧 하느님의 눈에는 그 누구도 소외되거나 무시당하지 않으며, 참으로 모두가 그분의 성탄에 초대받았다는 사실을 말입니다. 왜냐하면 스스로 안전을 보장하고 만족할 수 있던 이들은 당시 제집에 머물고 있었지만, 목동들은 '서둘러 갔으니까요.'

우리 역시 오늘 밤 예수님이 하시는 조언과 부르심에 귀 기울여야 합니다. 그분께 믿음을 가지고 가야 합니다. 우리 스스로 소외받았다고 여겨지는 바로 그곳에서부터, 아울러 우리의 한계와 죄로부터 출발하여 그분께로 가야 합니다. 따라서 우리를 구원하시는 그분의 자애로움에 우리를 내맡길 필요가 있습니다. 우리와 가까이 하고자 하시는 그분께 다가갑시다. 그리고 구유를 바라보며 잠시 머물러 봅시다. 예수님의 탄생을 그려 보는 거죠. 빛과 평화 그리고 절대적 가난과 거부를 묵상해 봅시다.

목동들과 함께 진정한 성탄으로 들어갑시다. 그리고 우리 자신을 예수님께 가져다 드립시다. 우리의 소외감과 치유되지 못한 상처들 그리도 우리의 죄들을 말입니다. 이렇게 할 때에 비로소 우리는 예수님 안에서 성탄의 참정신을 맛볼 것입니다. 바로 이것이 하느님으로부터 사랑받는 존재의 탁월함인 것입니다.

지금 우리는 마리아, 요셉과 함께 구유 앞에 있습니다. 내 생명을 위한 빵으로 태어나신 예수님 앞에 말입니다. 그리하여 그분의 겸손하고 끝이 없는 사랑을 묵상하며 단순하게 "고맙습니다."라고 그분께 말해 봅시다.

"고맙습니다. 왜냐하면 당신은 저를 위해 이 모든 일을 하셨으니까요."

❖ 존재론적으로는 빛이 있기에 어둠이 있는 것이겠지만, 인식론적으로는 어둠을 깨달을 때 비로소 빛을 알아볼 수 있을지도 모릅니다. 그런 점에서 성탄과 이를 드러내는 구유는 참으로 '인간적'입니다. 이것이 사람을 사랑하시는 하느님의 자비이자 교회 가르침의 탁월함입니

다. 성탄이라는 축제에 들떠 대체 '뭣이 중헌지'도 모르고 시간만 보내 버릴 수 있는 이때, 교황님은 분명히 구유를 바라보자고 우리를 초대 하십니다.

오늘처럼 하느님이 필요한 날은 없었다

'자비의 상습범'이 되길 바라시는 나의 주님, 나의 하느님

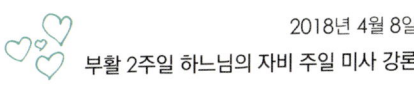

2018년 4월 8일
부활 2주일 하느님의 자비 주일 미사 강론

토마스 사도는 주님의 상처를 보고는 이렇게 외칩니다. "저의 주님, 저의 하느님!"(요한 20,28)

여기에서 토마스 사도가 반복하는 저 형용사구에 주목해야 합니다. 바로 '저의'라는 표현입니다. 이것은 소유격 형용사죠. 그런데 이런 표현을 하느님께 적용하는 것이 과연 가능한지 한번 생각해 봐야 합니다. 어떻게 하느님이 저의 소유가 될 수 있을까요? 어떻게 전능하신 분을 제 것으로 만들 수 있다는 거죠? 사실 '저의 하느님'이라고 말하는 것은 하느님을 모독하는 것이 아닙니다. 오히려 그분의 자비를 찬송하는 것이죠. 왜냐하면 그분은 친히 우리의 소유가 되기를 원하셨으니까요.

하여 우리에 대한 사랑의 역사 안에서 우리는 그분께 이렇게 말씀드립니다. "당신은 저를 위해 사람이 되셨습니다. 당신은 저를 위해 돌아가시고 부활하셨으니, 당신은 단순한 하느님만이 아니라 '저의' 하느님이시며, '저의' 생명이십니다. 당신 안에서 저는 제가 찾으려 했던 것보다 훨씬 많은 사랑을 발견합니다. 제가 결코 상상할 수 없었던 만큼이나 말입니다."

하느님은 '우리의 하느님'이 되시는 것에 결코 노여워하지 않으십니다. 왜냐하면 사랑은 확신을 바라고, 자비는 신뢰를 요청하기 때문입니다.

하느님은 이미 십계명의 들머리에서 이렇게 말씀하셨습니다. "나는 주 '너의' 하느님이다."(탈출 20,2 참조) 그리고 또 반복하시죠. "주 '너의' 하느님인 나는 질투하는 하느님이다."(탈출 20,5 참조) 이것이 바로 하느님의 방식입니다. 당신을 질투하는 애인으로 '너의' 하느님이라고 드러내시는 것 말입니다.

그리하여 토마스 사도는 울컥해진 마음에 이런 대답이 솟

구칩니다. "저의 주님, 저의 하느님!" 상처를 통하여 하느님의 신비 안으로 들어가는 오늘, 우리는 자비가 그분 특성들 가운데 하나가 아니라 그분 심장 그 자체와 같음을 이해해야만 합니다. 이에 우리는 토마스 사도와 같이 살아야 합니다. 열심히 하기는 하지만 망설이고 확신 없는 다른 제자들처럼 살면 안 되죠. 주님과 사랑에 빠진 이들이 됩시다. 우리는 '주님과 사랑에 빠진다'는 말에 두려워해서는 안 됩니다.

그렇다면 우리는 이 사랑을 어떻게 맛볼 수 있을까요? 어떻게 해야 우리는 손을 대어 예수님 자비를 느낄 수 있을까요? 이에 복음은 부활 당일 저녁에 있었던 일을 강조하며 전합니다. 예수님은 부활하시자마자 그 무엇보다 먼저 죄의 용서를 위한 성령을 선물로 주셨습니다. 네, 사랑을 체험하기 위해서는 여기에서부터 출발하는 것이 필요합니다. 바로 용서받는 것 말입니다. 우리는 용서받도록 자신을 내놓아야 합니다. 그러기 위해 저는 저 자신과 여러분에게 이렇게 묻습니다. "나는 지금 용서받도록 행동하고 있습니까?" 그분의 사랑을 체험하기 위해서는 저곳을 통과하는 것이 필요합니다. "우리는 지금 우리가 용서받도록 자신을 내놓고 있나요?"

물론 이렇게 말씀하실 수도 있습니다. "하지만 고해성사하러 간다는 게 쉽지만은 않아서요." 하느님 앞에서 우리 또한 복음의 제자들과 같은 유혹을 받습니다. 바로 문을 모두 잠가 놓는 거죠. 그들은 두려움 때문에 저렇게 하였습니다. 한데 우리도 자신을 열고 죄를 말하는 것에 대한 원초적 두려움과 부끄러움을 가지고 있죠. 하여 주님께서 우리에게 그저 닫힌 문을 보는 것이 아니라, 부끄러움을 이해하는 은총을 주시길 빕니다. 이것이 바로 만남의 첫 단계입니다. 따라서 우리는 부끄러움을 느낄 때 감사해야만 합니다. 왜냐하면 부끄러움이란 우리가 악을 받아들이지 않는다는 뜻이며, 이것은 좋은 일이기 때문입니다. 부끄러움이란 악을 이기기 위해 주님을 필요로 하는, 일종의 영혼으로부터 받는 비밀스러운 초대이니까요. 우리가 아무런 부끄러움을 느끼지 않는다면 문제입니다. 따라서 부끄러움을 느끼는 것에 겁먹지 마십시오! 우리는 부끄러움을 거쳐 용서받음으로 넘어가야 하니까요. 그러므로 부끄러움에 대하여 두려워하지 마세요!

물론, 우리는 이렇게도 생각할 수 있습니다. "나는 오랫동안 그리스도인으로 살았음에도 내 안에서 변화된 것은 하나도 없으며, 언제나 같은 죄를 짓는다." 우리는 낙담하고 하느님의 자비를 포기합니다. 하지만 이럴 때 주님은 우리에게 충고하십니다. "너는 나의 자비가 너의 비천함보다 더 크다는 것을 믿지 않느냐? 너는 다시 죄짓는 상습범이 되고 싶다는 말이냐? 차라리 자비를 구하는 상습범이 되어라. 그러면 우리는 누가 가장 나은 사람인지를 보게 될 것이다."

용서의 성사(고해성사) 이후에 모든 것이 처음과 달라지지 않는 건 옳지 않습니다. 용서받을 때마다 우리는 새로워지고 용기를 얻으니까요. 그때마다 우리는 아버지 하느님으로부터 보다 사랑받고 받아들여지고 있음을 느끼기 때문입니다. 그리고 이러한 사랑을 느끼고 다시 죄를 지을 때 우리는 처음보다 더 많은 비애와 후회를 느끼게 되죠. 그리고 이것은 차츰차츰 우리를 죄로부터 멀어지게 합니다. 따라서 우리는 삶의 활력이란 하느님의 용서를 받아 앞으로 나아가는 것이며, 용서에 대한 용서라는 점을 깨달아야 합니다(용서에 대하여 관대하게 받아들일 때 힘이 난다는 뜻). 삶이란 그렇게 나아가니까요. 부끄러움 안에서 부끄러워하고, 용서에 대해 용서하면서 말입니다. 이것이 그리스도인의 삶입니다.

모든 것이 꽉 막혀 있는 듯이 보일 때, 바로 그곳에서 하느님은 놀라운 일을 이루고 계십니다. 그분은 결코 우리와 당신을 분리하시지 않습니다. 설령 우리가 그분을 저 멀리 떼어 놓더라도 말입니다. 하여 우리가 죄를 고백할 때 비록 들리지는 않더라도 놀라운 일이 벌어집니다. 우리는 주님으로부터 우리를 멀어지게 했던 그 죄들이 그분과의 만남의 장소가 된다는 점을 깨달아야 합니다. 바로 그곳으로 상처받은 사랑의 하느님께서 우리의 상처들을 만나러 오십니다. 그리고 우리의 비참한 상처를 당신의 영광스러운 상처와 비슷하게 만들어 주시죠.

죄의 고백과 용서에는 변화가 있습니다. 나의 비참한 상처가 그분의 영광스러운 상처와 비슷하게 되니까요. 그분은 자비하시기에 우리의 비참함에 대해 놀라운 일을 벌이십니다. 그러므로 오늘 토마스 사도와 같이 우리 모두 '우리의' 하느님을 알아보는 은총을 청합시다. 그분의 용서 안에서 우리의 기쁨을 발견하고, 그분의 자비 안에서 우리의 희망을 찾을 수 있는 은총을 구합시다.

❖ 어쩌면 우리는 반복해서 같은 죄를 짓는 것에 스스로 실망할지 모릅니다. 그러면서 짐짓 바뀌지도 않는데 같은 죄를 계속 고해하는 것이 무슨 의미가 있을까 의문이 들 수도 있죠. 하지만 매번 죄의 목록이 달라진다면 어떨까요? 그러니까 이번에는 거짓말, 내일은 도둑

질, 모레는 사기처럼요. 아마 이렇게 매번 새로운 죄를 짓는 것이 더 끔찍한 경우가 아닐까 합니다. 하여 반복되는 죄가 있다는 것은 어쩌면 '내가 그 부분만 좀 약하구나.'라는 것을 간접적으로 드러내는 것일 수 있습니다. 곧, 다른 것은 괜찮은데 그 부분만 취약하다는 거죠. 더불어 죄가 반복된다는 점은 더 이상 내 힘만으로는 안 된다는 뜻이기도 합니다.

따라서 고해성사는 재판관 앞으로 나아가는 것이 아니라, 세상의 명의이신 하느님께 처방전을 받으러 가는 것인지도 모릅니다. "주님, 제 힘으로는 이 부분이 해결이 안 되니, 좀 도와주셔야겠습니다." 하고 말이죠. 그러니 기쁜(?) 마음으로 고해소로, 하느님 앞으로 나아가시길 빕니다.

그분께서는 분명 영혼의 보약 한 재를 두둑이 챙겨 주실 겁니다.

"주님은 우리에게 충고하십니다. '너는 나의 자비가 너의 비천함보다 더 크다는 것을 믿지 않느냐? 너는 다시 죄짓는 상습범이 되고 싶다는 말이냐? 차라리 자비를 구하는 상습범이 되어라. 그러면 우리는 누가 가장 나은 사람인지를 보게 될 것이다.'

용서의 성사(고해성사) 이후에 모든 것이 처음과 같이 그대로라고 생각하는 것은 옳지 않습니다. 용서받을 때마다 우리는 새로워지고 용기를 얻으니까요. 그때마다 우리는 아버지 하느님으로부터 보다 사랑받고 받아들여지고 있음을 느끼기 때문입니다. 그리고 이러한 사랑 속에서 다시 죄를 지을 때 우리는 처음보다 더 많은 비애와 후회를 느끼게 되죠. 그리고 이것은 차츰차츰 우리를 죄로부터 멀어지게 하는 복된 비애, 복된 후회입니다."

오늘처럼 하느님이 필요한 날은 없었다

작은 씨앗의 비유
–늘 우리를 놀라게 하시는 하느님

2018년 6월 17일
연중 11주일 삼종 훈화

사랑하는 형제자매 여러분, 오늘 복음에서 예수님은 군중에게 하느님 나라와 그 성장의 역동성을 말씀하시며 이를 위해 두 개의 짧은 비유를 들려주십니다.

첫 번째는 작은 씨앗의 신비로운 싹틈에 비유되는 하느님 나라입니다. 곧 씨는 땅에 떨어져 싹이 튼 다음 자라나 이삭이 되는데, 농부의 보살핌 없이 그렇게 되죠. 그리고 마침내 이삭은 익어 수확을 내어 줍니다.

이 비유는 우리에게 다음의 메시지를 전해 줍니다. 곧, 예수님은 말씀과 행적을 통해 하느님 나라를 선포하셨는데, 그 것은 마치 씨앗처럼 세상이라는 들판에 떨어져 스스로 자라 나고 성장하고 있다는 거죠. 인간적으로는 도무지 이해할 수 없는 저 자신의 능력과 기준에 따라 말입니다. 인류 역사 안 에서 이러한 하느님 나라의 싹틈과 성장은 사람의 업적에 기 대는 것이 아닙니다. 오히려 하느님 당신의 선하심과 능력 그리고 하느님 백성을 그리스도인의 삶으로 이끌어 가시는 성령의 권능으로 표출될 뿐입니다.

물론 때때로 역사는 그 사건이나 주인공에 있어서, 당신의 모든 자녀를 위해 정의와 형제애 그리고 평화를 바라시는 하느님 아버지의 계획과는 거꾸로 가는 듯 보이기도 합니다. 하지만 우리는 이러한 도전과 희망 그리고 수확의 때를 깨어 기다리는 시기를 살아 내라고 부르심을 받았습니다. 사실 하 느님 나라는 과거에도 그리고 오늘날에도 신비롭고 놀라운 방식으로 성장해 나가니까요. 작은 씨앗에 숨겨진 승리의 삶의 활력이라는 권능을 펼치면서 말입니다. 때때로 희망이 끝 장난 듯 보이는 개인적이고 사회적인 여러 굴곡 안에서, 우리는 조용하지만 분명 힘 있게 활동하시는 하느님께 믿음을 가져야만 합니다. 그리고 우리는 어렵고 어두운 순간에도 희망을 잃지 않고 신실하신 하느님께 닻을 내리고 머물러야만 하죠. 언제나 구원하시는 그분의 현존에 머물어야만 하는 겁니다. 여러분, 이것을 잘 기억하세요. 하느님은 언제나 구원하는 분이십니다!

두 번째로 예수님은 하느님 나라를 겨자씨에 비유하십니다. 비록 매우 작은 씨앗이더라도 자라면 채마밭의 그 어떤 나무보다 큰 나무가 되죠. 그야말로 '예상치 못한 놀라운 성장'인 겁니다. 물론 우리가 하느님의 이러한 예측 불가능성이라는 논리를 이해하고 그것을 우리 삶 안에 받아들이기는 쉽지 않습니다. 하지만 오늘도 주님은 우리에게 우리의 온갖 계산과 예상을 뛰어넘는 이러한 믿음의 자세를 요구하십니다. 하느님은 언제나 놀랍고 경이로운 분이시니까요. 주님은 늘 우리를 놀라게 하시는 걸요.

이 비유는 우리에게 보다 관대하게 하느님 계획에 마음을 열라고 초대합니다. 개인적인 영역에서는 물론, 공동체적인 영역 모두에서 말입니다. 그리고 보니 우리는 공동체 안에서 모든 이를 향한 사랑과 포용 그리고 자비의 역동성 안으로 뛰어듦으로써, 주님께서 주시는 선을 위한 크고 작은 기회에 주의를 기울일 필요가 있습니다. 진정한 교회 선교는 성공적이고 만족할 만한 결과를 이끌어 내는 데 있지 않습니다. 믿음의 용기를 가지고 앞으로 나아가면서 하느님께 자신을 맡기는 겸손함을 통해 교회는 진정으로 선교할 수 있지요. 곧 성령의 권능으로 예수님을 고백하며 앞으로 나아가는 것입니다. 따라서 자신이 작은 존재이자 하느님 손에 든 연약한 도구일 뿐이며, 아울러 그분의 은총으로 큰일을 행할 수 있다고 깨달아야 합니다. 이 깨달음이야말로, '성령 안에서의 의로움과 평화와 기쁨'이라는 그분의 나라를 성장시키는 요소입니다.

   이에 동정 마리아께서 우리가 보다 단순해지고 주의를 기울일 수 있도록 도와주시길 빕니다. 우리의 신앙과 활동으로 협력하여 우리 마음과 역사 안에서 하느님 나라가 성장할 수 있도록 말입니다.

❖ 하느님이 늘 내 뜻대로 응해 주시지 않는다고 화를 내서는 안 됩니다. 하느님이 딱 내 수준, 내 모양이었다면 오히려 어떡할 뻔했는지요! 내 예상과 다른 답을 내어 주심에 오히려 기뻐할 일입니다. "그분은 결코 내가 아니다. 그래서 다행한 일이다!"라고요!

작은 씨앗의 비유―늘 우리를 놀라게 하시는 하느님

이 세상에
원래부터 그런 것은 없습니다

2018년 6월 24일
성 요한 세례자 탄생 대축일 삼종 훈화

사랑하는 형제자매 여러분, 오늘 전례는 성 요한 세례자 탄생 대축일을 기념하도록 우리를 이끕니다. 그의 탄생은 그의 부모인 엘리사벳과 즈카르야의 삶에 깨달음을 주었을 뿐 아니라, 일가친척과 주변 사람들을 기쁨과 놀라움으로 가득 차게 한 사건이었으니까요.

이 나이 든 부모는 바로 이날을 오랫동안 꿈꿔 왔을 겁니다. 하지만 그들의 오랜 기대는 사그라져 소외감을 느끼며 굴욕감을 맛보았습니다. 그들에게는 자녀가 없었으니까요.

그래서 아들이 태어날 것이라는 소식을 듣고 즈카르야는 그 말을 믿을 수가 없었더랬죠. 분명 자연법칙에 따르면 말도 안 되는 일이었으니까요. 당시 그들은 나이가 너무 많았습니다. 이에 그 말을 믿지 못한 결과, 주님은 임신 기간에 즈카르야의 입을 닫게 하셨죠. 이것은 하나의 징표입니다. 하느님은 우리의 논리나 인간의 제한된 능력에 메이는 분이 아니시니까요.

우리는 믿음을 가지고 하느님의 신비 앞에서 침묵을 배울 필요가 있습니다. 더불어 그분 업적의 평범함과 조용함에 대해 곰곰이 살펴보아야만 하죠. 역사 안에서 드러나는 그분의 업적은 대부분 우리의 상상을 뛰어넘으니까요. 그리하여 엘리사벳과 즈카르야에게 '하느님께 불가능한 일은 없음'을 체험하게 한 이 사건은 무척이나 큰 기쁨이었습니다.

그런데 오늘 복음 구절은 탄생 고지 이후 그 아이의 이름을 정하는 순간에 주목합니다. 엘리사벳은 집안의 전통과는 다른 이름을 선택했습니다. 엘리사벳은 이렇게 말합니다. "안 됩니다. 요한이라고 불러야 합니다."(루카 1,60) 이는 그 아이가 '뜻밖의 무상의 선물'임을 드러내죠. '요한'이라는 말마디는 '하느님께서 은총을 베푸셨다'는 뜻이니까요. 그리고 이 아이는 선구자이자 겸손한 믿음으로 그분의 구원을 기다려 온 가난한 이들을 위한 하느님 은총의 증인이 될 터였습니다. 이에 즈카르야는 글 쓰는 판에 그 이름을 적음으로써 (왜냐면 그는 아직 말을 못하니까요.) 그 이름을 선택하도록 했습니다. 그러자 그는 '그때에 즉시 입이 열리고 혀가 풀려 말을 하기 시작하면서 하느님을 찬미'했습니다. 요한 세례자의 탄생과 관계된 모든 일은 놀라움과 경이로움 그리고 감사함으로 기쁨에 둘러싸여 있습니다. 당시 사람들은 하느님에 대한 거룩한 두려움에 휩싸였고, 이 모든 일이 유다의 온 산악 지방에서 화제가 되었습니다.

형제자매 여러분, 이 복음에 나오는 신실한 백성은 요한 세례자의 탄생이 하찮고 잘 드러나지 않는 일이었음에도 무엇인가 큰일이 일어났음을 알고 이렇게 묻습니다. "이 아이가 대체 무엇이 될 것인가?"(루카 1,66) 하느님께 신실한 백성이란, 놀라움과 경이로움 그리고 감사하는 마음으로 기쁘게 신앙생활을 하는 이들이니까요.

이 놀라운 사건, 곧 요한의 탄생이라는 기적에 대해 웅성거리던 이 사람들을 살펴봅시다. 이들은 놀라움과 경이로움 그리고 감사의 마음으로 즐거워했고, 기쁘게 말을 전했습니다.

한데 이를 바라보며 우리도 자신에게 한번 물어봅시다. "나의 신앙은 어떠한가? 기뻐하는 신앙인가, 아니면 늘 그저 그런 밋밋한 신앙인가?", "나는 주님의 일하심을 보거나 복음의 전파 혹은 거룩한 삶에 대해 들을 때, 아니면 그 밖의 많은 착한 이를 만날 때, 놀라움을 느끼는가? 그러한 때에 나는 은총을 느끼는가, 아니면 마음속에 아무런 동요도 없는가?", "나는 성령의 위로를 느낄 줄 아는가, 아니면 그저 꽉 닫혀 있는가?"

우리 각자 모두 양심을 성찰하며 자신에게 물어봅시다. "나의 신앙은 어떠한가? 내 신앙은 기쁨인가? 하느님의 놀라우심에 나는 열려 있는가? 하느님은 경이의 하느님이신데! 아울러 나는 내 영혼 속에서 하느님의 현존이 주는 저러한 놀라움과 감사함을 맛보았는가?" 하고 말입니다.

우리 신앙의 핵심인 이 단어들을 기억합시다! '기쁨', '놀라움'과 '경이로움' 그리고 '감사함!'

그리하여 거룩한 동정녀께서 우리로 하여금 모든 사람 안에 생명의 원천이신 하느님의 인호가 새겨져 있음을 깨닫도록 도와주시길 빕니다. 천주의 모친이시자 우리의 어머니이신 성모님께서 우리가 자녀를 낳아 부모 역할을 하는 것이야말로 바로 하느님의 협력자 몫을 하는 것임을 깨닫도록 도와주시길 바랍니다. 각 가정을 생명의 성역으로 만들고, 특별히 자녀가 태어날 때마다 기쁨과 놀라움, 감사함을 일깨우는 것이야말로 참으로 고귀한 사명이니 말입니다.

❖ '본래'나 '원래'라는 말로 자신을 너무 무장하지 않았으면 좋겠습니다. 물론, 이 말 덕분에 여기까지 큰 실수 없이 왔다는 것을 알고 있습니다. 하지만 추세는 어디까지나 추세일 뿐 진리는 아니죠. 아울러 저 말은 우리를 지켜 준 '갑옷'일 수도 있지만 어쩌면 더 크고 멋있어질 수 있는 우리를 옥죄고 있는 '굴레'일 수도 있으니까요. 더욱이 그 말을 타인에게 적용할 때에 결국 '선입견'이라는 비수가 될 수도 있습니다. 우리는 지금까지와는 다른 '나'가 될 수 있습니다. 더불어 지금까지와 다를 '너'와 '그들'에게서 너무 일찍 시선을 거둬서는 안 되겠죠. 사실 우리는 이러한 놀라움과 경이로움, 더불어 그에 따른 감사함과 기쁨으로 살도록 부르심을 받는걸요. 어제와 다른 오늘의 그대를 환영합니다. 오늘과 다를 내일의 그대를 응원하겠습니다. 아울러 처음 만났던 어제의 그대를 늘 기억합니다.

오늘처럼 하느님이 필요한 날은 없었다

제6장

십자 성호만
잘 그어도
성인이 됩니다

마피아의 기도,
참그리스도인의 기도

2018년 6월 19일
성녀 마르타의 집 아침 미사 강론

우리는 나를 멸망시키려는 이들, 곧 원수들을 위하여 기도해야 합니다. 하느님께서 그들에게 복을 내려 주십사 하고 말입니다. 물론 이를 받아들이기란 쉽지 않습니다.

지난 세기 그리스도인이라는 이유만으로 시베리아로 보내져 얼어 죽은 러시아의 불쌍한 그리스도인들을 한번 생각해 보죠. 그들은 자신들을 그곳으로 보낸 정부 당국자들을 위해 기도했을까요? 믿기 어렵겠지만, 실제로 그 불쌍한 사람들은 정부 당국자들을 위해 기도했습니다. 네, 원수들을 위해 기도한 거죠.

계속해서 아우슈비츠와 그 밖의 강제 수용소들을 생각해 봅시다. 그곳에 갇힌 이들은 순수한 인종을 추구하며 양심의 가책도 느끼지 못한 채 살인을 저지르는 독재자를 위해 기도했습니다. 하느님께서 저들 역시 축복해 주십사 하고 말입니다. 실제로 많은 그리스도인 희생자가 그렇게 했죠.

하지만 오늘날에는 너무나 큰 간극이 존재합니다. 하찮은 일에도 우리는 자주 용서하지 못하고, 무한한 간극을 만듭니다. 이것에 대해 주님은 간절한 바람으로 친히 모범을 보여 주셨습니다. 파괴하려는 이들을 용서하심으로써 말입니다.

물론 현실적으로는 가족 간에도, 특히 배우자조차도 어떤 일로 언쟁을 벌인 뒤에 용서하기는 매우 어렵습니다. 시어머니나 장모를 용서하기도 쉽지 않죠. 자녀가 아버지에게 용서를 청하는 것도 어려운 일입니다. 하지만 우리는 우리를 옥죄는, 그래서 우리를 내쫓으려는 이들을 용서해야 합니다. 단순히 용서만 하는 것이 아니라, 그들을 위해 기도해야 합니다. 하느님께 그들을 보호해 달라고요. 더 나아가 그들을 사랑해야 합니다. 이는 오직 예수님의 말씀으로만 설명할 수 있습니다. 더 이상 제가 어떻게 설명할 수 없는 거죠.

그러므로 오늘, 자신의 원수를 한 명씩 떠올려 보세요. 우리 모두에게 이런 이가 한 명쯤은 있을 것입니다. 우리에게 상처를 주거나 해치려는 이들 혹은 잘못하는 이들 말입니다. 이런 이들을 위해 기도합시다. 마피아의 기도가 "나에게 그것을 지불하십시오."라면, 그리스도인의 기도는 "주님 그에게 당신 축복을 주십시오. 그리고 저에게 그를 사랑하는 법을 알려 주십시오."가 되어야 합니다.

❖ 이 말씀을 읽고 문득 떠오르는 이가 있다면, 바로 그 사람을 위해 기도할 일입니다. 물론 어쩌면 화도 나고, 잊고 있었던 상처가 새록새록 떠오를지라도 '그 웬수'라고 하며 이렇게라도 상처를 끄집어내 기도의 은총으로 잘 말려 새살이 솔솔 돋게 만들 일입니다. 묻어 두고, 제쳐 둔다고 해결될 일은 아무것도 없으니까요. 결국 원수를 위해 기도하라는 말씀 또한, 실은 '내가' 걱정이 되어 하시는 말씀입니다. 말이야 바른말로, 그가 어떻게 되든 알게 뭐예요. 다만, 그 때문에 끙끙대는 '내가' 안쓰러워 이제는 툭툭 털고 새로 시작해 봐야 하지 않겠느냐며 건네시는 조언입니다. "원수를 위해 기도해라, 원수도 사랑해라."

마피아의 기도, 참그리스도인의 기도

침묵 배우기,
어린이 되기, 놀라워하기

2017년 11월 15일
일반 알현 교리 교육

사랑하는 형제자매 여러분, 거룩한 미사에 대한 교리 교육을 이어 나가 보죠.

기도는 모든 참된 대화와 마찬가지로 침묵 중에 머물 줄도 알아야 합니다. 왜, 대화를 하다 보면 조용히 기다릴 때가 있잖아요. 네, 그렇게 기도란 침묵 중에 예수님과 함께 있는 겁니다.

우리는 미사에 참석할 때 대개 5분 전에 도착하곤 합니다. 그리고 미사가 시작되기 전에 주변에 있는 이들과 잡담을 하죠. 하지만 이 시간은 잡담하는 시간이 아닙니다. 주님과의 대화를 준비하는 침묵의 시간이죠. 네, 예수님과의 만남을 준비하기 위해 마음을 모으는 시간입니다. 사실 침묵은 매우 중요합니다. 잘 기억하세요. 우리는 미사에 쇼나 공연을 보러 가는 것이 아닙니다. 우리는 주님을 만나러 온 거죠. 이때 침묵은 이러한 우리를 준비시키고 안내하는 역할을 합니다. 그러므로 예수님과 함께 침묵 중에 머물러 보세요. 그러면 하느님의 신비로운 침묵으로부터 마음을 울리는 그분의 말씀이 샘솟을 것입니다.

그리고 보면 예수님은 직접 아버지와 함께 '머무는 것'이 진정으로 가능하다는 것을 우리에게 가르쳐 주셨습니다. 그리고 당신의 기도로 드러내 보여 주셨죠. 복음서는 예수님께서 기도하시기 위해 홀로 한적한 곳으로 가셨다고 우리에게 전합니다. 그리고 제자들은 그분의 이러한 모습에서 그분과 아버지와의 친밀한 관계를 보았고, 이에 자신들도 함께하기를 바라며 그분께 이렇게 청했죠. "주님, 저희에게 기도하는 법을 가르쳐 주십시오."(루카 11,1 참조)

예수님은 기도하기 위해서는 가장 먼저 바로 '아버지'라고 부를 줄 알아야 한다고 가르쳐 주셨죠. 이에 집중해 봅시다. 만일 제가 하느님을 향해 '아버지'라고 부를 수 없다면 저는 기도할 줄 모르는 겁니다. 네, 간단하죠. 그러므로 우리는 '아버지'라고 부를 수 있도록 익혀야만 합니다. 다시 말해, 우리는 현존하시는 그분의 자녀로서 신뢰를 가지고 우리를 맡기는 법을 익혀야 합니다. 하지만 이를 익히기 위해서는 먼저 우리가 배움이 필요한 존재라는 것을 겸손하게 인정해야만 합니다. 그리고 순박하게 청할 줄 알아야 하죠. "주님, 저희에게 기도하는 법을 가르쳐 주십시오."라고 말입니다.

이것이 첫 번째 요점입니다. 겸손해지는 것, 우리가 자녀라고 인정하는 것, 아버지 품에 안겨 그분께 의탁해야 한다는 것입니다. 하늘나라에 들어가기 위해서는 어린아이처럼 작아져야만 하니까요. 아이들이 의탁한다는 것은 누가 자신을 염려하고 있는지, 누가 자신들의 먹을 것과 입을 것 등을 걱정하고 있는지를 안다는 뜻이죠. 네, 이것이 우리가 익혀야 하는 첫 번째 생활 태도입니다. 신뢰와 확신 말입니다. 마치 아이들이 부모님을 신뢰하듯이 말이죠. 우리는 하느님이 나를 기억하고 계심을, 그분이 나와 너 그리고 우리 모두를 돌보신다는 것을 알아야 합니다.

두 번째로 기억해야 할 점도 어린아이들만의 고유한 특징인데요. 바로 '놀라워한다'는 것입니다. 어린이들은 수천 개의 질문을 쏟아 내죠. 세상의 모든 것이 발견해 내야 할 신비인 셈입니다. 심지어 그들은 작은 것에도 신기해합니다. 사실 그들에게는 모든 것이 새로우니까요. 이런 점에서 하늘나라에 들어가기 위해서는 놀라워할 줄 알아야 합니다. 잘 생각해 보세요. 한 가지 질문을 하겠습니다. 기도 안에서 우리는 놀랍고 신비로워하나요? 아니면 기도란 그저 앵무새처럼 하느님께 아뢰기만 하는 거라고 생각하나요? 기도란 놀랄 수 있도록 신뢰심을 갖고 마음을 여는 것입니다. 과연 우리는 언제나 놀라운 하느님이신 그분에 대하여 놀라워하고 있습니까? 왜냐하면 주님과의 만남은 늘 생생한 살아 있는 만남입니다. 결코 박제된 것을 보러 가는 박물관 탐방 같은 것이 아니죠. 우리는 주님과의 살아 있는 만남을 위해 미사에 가는 거지, 박물관에 가는 게 아닙니다. 자, 그럼 주님과의 살아 있는 생생한 만남을 위해 나아갑시다.

진실로 주님은 우리를 사랑하시며, 심지어 우리의 약점까지도 사랑하신다는 것을 보여 주심으로써 우리를 놀라게 합니다. "그분은 우리 죄를 위한 속죄 제물이십니다. 우리 죄만이 아니라 온 세상의 죄를 위한 속죄 제물이십니다."(1요한 2,2)

우리를 언제나 용서해 주시는 주님의 이 선물은 진정한 위로의 근원입니다. 이 위로야말로 진정한 위로입니다. 아울러 성찬례를 통해 우리에게 주어지는 선물이죠. 왜냐하면 성찬례란, 신랑이신 주님께서 우리의 연약함과 만나는 혼인잔치니까요. 그러므로 우리가 미사에 참여하는 것은 주님께서 우리의 연약함과 대면하는 거라고 말할 수 있습니다. 이게 사실입니다. 주님은 우리의 첫 번째 소명을 되살리기 위해 우리의 약점들과 마주하십니다. 그 첫 번째 부르심이란, 바로 우리가 하느님의 모상대로 만들어졌다는 거죠. 그리고 이것이 성찬례의 맥락이며, 성찬례를 둘러싸고 있는 의미 배경입니다. 더불어 이것이 기도이기도 하죠.

오늘처럼 하느님이 필요한 날은 없었다

돼지조차도
고개는 숙이고 다닙니다

 2018년 1월 29일
성녀 마르타의 집 아침 미사 강론

때때로 우리는 겸손이란 그저 충돌을 피하고 고개를 숙이며 바닥을 보고 걷는 거라 생각합니다. 하지만 돼지조차도 고개는 숙이고 다닙니다. 그러니까 고개를 숙인다고 해서 겸손이 아닙니다. 가짜 겸손이죠. 그 누구에게도 마음을 내어 주거나 보살피지 않은 채 기성복마냥 덧입은 것이니까요.

그러므로 이렇게 생각해 보세요. 모욕과 냉대 없는 참된 겸손은 없다고 말입니다. 다시 말해 만약 그대가 냉대를 받아들이고 모욕을 자신의 어깨에 짊어질 수 없다면, 그대는 겸손하지 않습니다. 겸손한 척하고 있는 것일 뿐, 정말 겸손한 건 아니죠.

예수님이 그러셨던 바와 같이 모욕과 냉대를 견디어 내는 것만이 참된 겸손입니다.

❖ 모욕과 냉대 없는 참된 겸손은 없다는 말씀은, 자칫 그 어떤 불의에도 반기를 들지 말고 그저 모든 것에 순응하며 살라는 패배주의자의 말처럼 들릴 수도 있습니다. 하지만 저 말씀을 하신 분이 프란치스코 교황님이며, 더 나아가 그 모범으로 제시된 분이 예수님이라고 할 때, 분명 앞의 해석은 아닐 겁니다.

오늘날 우리에게, 아니 나에게 모욕과 냉대란 무엇인가 생각해 봅니다. 이에 많은 것이 있겠지만, 결국 그 모든 것은 '이해받지 못함', '몰이해'로 귀결되는 게 아닐까 싶습니다. 모욕당했다는 것은 가치를 제대로 이해받지 못했다는 것이고, 냉대받았다는 것은 내 마음을 상대방이 제대로 알아보지 못했다는 뜻일 테니까요. 그렇다면 '이해받지 못함', '몰이해'에 대하여 나는 왜 그토록 참지 못하는가를 생각해 봅니다. 그건 아마도 '억울해서'인 듯합니다. '진짜'는 이것인데, 왜 이것대로 보아 주지 않는가에 대한 억울함인 거죠. 억울함은 사실 단순한 화나 분노와는 다르니까요.

하지만 여기에는 두 가지의 가능성이 있습니다. 하나는 내가 생각하는 그 '진짜'가 실은 진짜가 아닐 수도 있다는 경우와 다른 하나는 그게 '진짜'인 경우입니다. 첫 번째 경우라면 그 사실을 깨닫고 억울함을 스스로 거두어들일 일입니다. 말 그대로 자신이 '황금'이 아닌 것을 내어놓고 왜 보석 대우를 안 해 주냐며 투정을 부린 셈이니까요. 그런데 두 번째 경우에는 어떻게 해야 할까요? 사실 두 번째 경우가 진정 예수님이 겪으신 몰이해와 모욕, 냉대입니다. 나는 진짜 진심임에도 불구하고, 상대방이 그것을 못 알아보는 것이죠.

하지만 이에 대해 '무조건 신앙으로'라고 말하며 넘어가기엔 현실과 거리가 멀어 보이는 것도 사실입니다. 저는 그렇게 신실한 이가 아니니까요. 그래서 예수님은 어찌하셨는가 생각해 봅니다. 그러면서 문득 적어도 예수님께는 '자기편에 대한 인식'이 늘 있으셨다는 점을 떠올립니다. 바로 아버지 하느님이십니다.

그러한 인식이 있으셨기 때문에 옆에서 '이것이 맞네, 그르네.'라고 난리를 쳐도, 진짜 나를 알아보는 이가 있다는 든든함에서 오는 자신감과 자존감이 있었을 것입니다. 그리고 이것이 소위 '배 밑의 밑짐이나 평형수'와 같은 역할을 하는 건전한 자존감일 겁니다. 그 참을 수 없는 억울함의 김을 어느 정도 뺄 수 있게 만든 것이죠.

사실, 인간사에서도 지음知音, 지기知己 한 명만 있어도 어떻게든 살아간다고 하지요. 그 한 명이 없어서 어떤 사람은 극단적인 선택까지도 하고요. 이에 억울함이 바탕이 된 이해받지 못함, 몰이해를 견딤으로써 모욕과 냉대를 기꺼이 받아들이는 참된 겸손의 시작은 먼저 나를 진정 알아주시는 그분에 대한 체험에서부터 시작되어야 할 일이라는 점을 깨닫습니다. 단순히 표면적으로만 '참는다', '괜찮다' 하고 넘어가는 것이 아니라, 저 사람은 나를 알아주지 않을지언정 그래도 '당신은 알죠?'라는 확신이 먼저 나에게 있어야 하는 것입니다.

그러고 보면, 자격지심이나 피해 의식에 비례하여 스스로 느끼는 억울함도 같다는 점에서, 한 번쯤은 자신에게 분명히 따져 물어봐야 합니다. 이것이 진정한 억울함인지, 억울함을 가장한 도피인지를 말입니다. 어쩌면 우리는, 아니 나는, 아직 단단해지지 않은 마음으로 너무 많은 것을 괜찮은 척, 받아들일 수 있는 척, 그렇게 척만 하다가 정작 진짜 겸손은 시작조차 하지 못한 것은 아닌지 모르겠습니다.

그러므로 '돼지조차도 고개는 숙이고 다닌다'는 교황님 강론에 덧붙여 제가 감히 이렇게 마무리해 보려고 합니다. '사람만이 고개를 들어 하늘을 볼 수 있다!'고요. 그래서 지레 고개부터 숙이며 거짓 겸손으로 위장하기보다는 먼저 고개를 빳빳이 들어 하늘을 바라볼 때, 정말 고개를 숙일 수 있다고 말입니다. 이런 점에서 타인의 모욕과 냉대를 받아들이는 참된 겸손을 말하는 오늘, 우리는 먼저 자신의 상처받은 마음과 영혼을, 더 나아가 이 시점에 깨달은 나의 허물과 죄들을 양지바른 하늘 아래 털어 말리며 이렇게 말해 줄 일입니다.

"토닥토닥, 괜찮아. 그러니 이제 다시 시작해 보자!"

그리고 나에게 모욕감을 주는 그 사람에게, 냉대를 하는 그 친구에게 이제는 담담히 말할 수 있어야 하겠습니다. 어떤 영화에서마냥 "넌 내게 모욕감을 줬어."라는 날선 대응이 아닌, "그래그래, 이제 자네 마음 알겠네. 나중에라도 자네, 나 알아 주소."라고요. 물론, 이것도 내가 정말 '진짜'를 내어 주었다는 전제하에서 말입니다.

돼지조차도 고개는 숙이고 다닙니다

십자 성호만 잘 그어도 성인이 됩니다

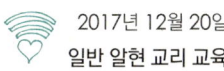 2017년 12월 20일
일반 알현 교리 교육

사랑하는 형제자매 여러분, 안녕하세요. 저는 오늘 본격적으로 성찬례에 대하여 말해 보고자 합니다.

일반적으로 시작 성가가 울려 퍼지는 동안, 주례 사제와 공동 집전자들은 행렬을 통해 제단 위 주례석에 이릅니다. 그리고 이때 제대에 예를 표하고 공경의 의미로 제대에 입을 맞추죠. 분향과 함께 말입니다. 왜 그렇게 할까요?

바로 '제대'가 곧 그리스도이기 때문입니다. '제대'는 그리스도의 형상인 거죠. 따라서 우리가 '제대'를 바라본다고 할 때, 이는 참으로 그리스도가 계신 곳을 바라보는 것입니다. 성당의 '제대'가 곧 그리스도이시니까요. 미사를 시작할 때 우리는 그냥 스쳐 지나가기 쉽지만, 사실 이는 매우 의미심장한 것입니다. 왜냐하면 미사에서 십자가에서 당신 몸을 내어 주기까지 하신 그리스도의 사랑과 만날 수 있기 때문입니다. 그렇기에 우리는 희생 제물이자 사제이신 그리스도를 상징하는 '제대'에 예를 표하는 것으로 미사를 시작합니다. '제대'는 그리스도의 상징이라는 점에서 성찬례를 통해 이루어지는 은총 행위의 중심입니다. 이에 모든 회중은 그리스도이신 제대를 중심으로 둘러 자리 잡습니다. 서로의 얼굴을 바라보는 것이 아니라 그리스도를 바라보기 위해서 말입니다. 그리스도가 공동체의 중심이시니까요. 저기 먼 곳에 계신 것이 아니고요.

다음으로는 십자 성호가 있습니다. 사제는 스스로 십자 성호를 긋습니다. 아울러 동시에 모든 회중의 참석자도 그렇게 하죠. 그리고 우리는 이러한 전례 동작이 '성부와 성자와 성령의 이름으로' 이루어짐을 알고 있습니다.

여기에서 잠깐 다른 주제의 이야기를 해 보려 합니다. 여러분은 혹시 어린아이들이 십자 성호를 어떻게 긋는지 본 적이 있나요? 보통 휘리릭 하고 말죠. 그들은 지금 무엇을 하고 있는지 모르니까요. 때때로 그들은 그저 팔을 휘저을 뿐, 십자 성호를 긋는 것이 아닙니다.

그러니 부탁드립니다. 아버지와 어머니, 할아버지, 할머니는 아이들에게 알려 주시기 바랍니다. 아이들이 시작부터, 어렸을 때부터 십자 성호를 정성껏 잘 그을 수 있도록 말입니다. 십자 성호를 그을 때 예수님의 십자가를 지킨다는 의미를 잘 설명해 주시길 바랍니다. 그리고 미사는 이 십자 성호로 시작된다고 말입니다.

사실 모든 기도가 지극히 거룩한 삼위일체의 공간 안에서 이루어집니다. '성부와 성자와 성령의 이름으로' 말입니다. 다시 말해 십자 성호는 무한한 친교의 장인 셈입니다. 그리스도의 십자가에서 우리에게 드러나고 선사된 삼위이시나, 한 분이신 하느님 사랑의 근원이자 그 도달점으로서 말입니다. 사실 그분의 파스카 신비는 삼위일체의 은사이고, 성찬례는 그분의 찔린 심장으로부터 유래합니다. 따라서 십자 성호를 그음으로써 우리는 단순히 세례만 기억하지 않습니다. 오히려 십자 성호와 함께하는 모든 전례 기도는 우리를 위하여 사람이 되시고 십자가에서 돌아가셨으나 영광스럽게 부활하신 예수 그리스도 안에서 하느님과 만나는 것임을 확언하는 겁니다.

❖ 연애할 때 애인에게 가장 서운할 때는 아마도 바로 내가 준 선물을 사용하지 않거나 혹은 나와 사귄다는 것을 숨기려 한다고 느껴질 때일 겁니다. 나와의 관계성을 드러내지 않으려고 한다는 느낌을 받을 때, 매우 서운해지죠.

신앙인으로서 여러 티를 내는 법(허례허식으로서의 티가 아니라), 즉 하느님과 내가 사귄다고 인정하는 가장 기본적인 방법으로 바로 '십자 성호'가 있습니다. 그런데 그 십자 성호를 민망하다는 듯이 후다닥 대충한다면 하느님 마음은 어떠실까요? 성경은 분명히 전합니다.

"누구든지 사람들 앞에서 나를 안다고 증언하면, 나도 하늘에 계신 내 아버지 앞에서 그를 안다고 증언할 것이다. 그러나 누구든지 사람들 앞에서 나를 모른다고 하면, 나도 하늘에 계신 내 아버지 앞에서 그를 모른다고 할 것이다."(마태 10,32-33)

오늘처럼 하느님이 필요한 날은 없었다

내 아버지의 집을
장사하는 집으로 만들지 마라!

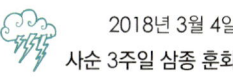 2018년 3월 4일
사순 3주일 삼종 훈화

사랑하는 형제자매 여러분, 오늘 복음은 예수님께서 장사꾼들을 예루살렘 성전에서 쫓아내시는 일화를 요한의 판본으로 전해 줍니다. 그분은 끈으로 채찍을 만들고, 탁자들을 엎으시며 이렇게 말씀하셨죠. "내 아버지의 집을 장사하는 집으로 만들지 마라."(요한 2,16) 그런데 파스카 축제에 임박하여 이렇게 단호하게 행하신 일은 군중에게는 강렬한 인상을 주었고, 종교 지도자들과 자신들의 경제적 이해에 있어 위협을 느낀 이들에게는 적대감을 불러일으켰습니다.

자, 그렇다면 여기에서 우리는 이것을 어떻게 해석해야 할까요? 한 가지 확실한 건, 이 사건이 폭력적이어서 공공질서의 감시자인 경찰이 개입해야만 했던 일은 아니었습니다. 그건 아니었죠. 오히려 하느님의 이름으로 권위를 함부로 잘못 사용하는 것을 비판하던 예언자들의 전형적인 행동처럼 보였습니다. 다시 말해 이것은 '권위'에 대한 문제였습니다. 사실 유다인들은 예수님께 이렇게 물었으니까요. "당신이 이런 일을 해도 된다는 무슨 표징을 보여 줄 수 있소?"(요한 2,18) 이 질문은 '당신이 무슨 권위를 지녔기에 이런 짓을 하느냐?'는 말입니다. 곧 그분께서 참으로 하느님의 이름으로 행동하시는지에 대한 증거를 보여 달라는 것이죠.

예수님의 성전 정화 행동을 이해하기 위해서 제자들은 시편 69편의 말씀을 떠올렸습니다. "당신 집에 대한 열정이 저를 집어삼킬 것입니다."(요한 2,17) 시편은 이렇게 전합니다. "당신 집에 대한 열정이 저를 불태우고."(시편 69,10) 그런데 이 시편 구절은 원수들의 증오로 극심한 위험에 처한 상황에서 도움을 요청하는 내용입니다. 예수님께서 수난받으실 때 처할 상황인 것이죠. 곧 아버지와 그 집에 대한 열정이 끝내 십자가로 인도하는 것입니다. 다시 말해 예수님의 희생은 자기 희생으로 인도하는 사랑의 열정을 의미하는 것이지, 폭력을 통해 하느님을 섬긴다고 여기는 거짓된 희생을 뜻하는 것이 아닙니다. 그래서 예수님께서 당신의 권위를 증명하기 위해 보여 주실 표징은 참으로 당신의 죽음과 부활뿐이었죠. 이에 말씀하십니다. "이 성전을 허물어라. 그러면 내가 사흘 안에 다시 세우겠다."(요한 2,19) 그러자 복음사가는 덧붙입니다. "그분께서 성전이라고 하신 것은 당신 몸을 두고 하신 말씀이었다."(요한 2,21) 따라서 예수님의 부활과 함께 새 성전에서 새로운 예배가 시작됩니다. 곧 사랑의 예배로서, 그분 자신이 새 성전이신 것입니다.

복음이 전하고 있는 예수님의 행동은 삶을 단순히 이익이나 흥미를 위해서가 아니라 사랑이신 하느님의 영광을 위해 살라고 우리를 촉구합니다. 우리는 예수님의 이 강력한 말씀을 늘 드러내라고 부르심받았으니까요. "내 아버지의 집을 장사하는 집으로 만들지 마라."(요한 2,16) 교회가 하느님의 집을 장사하는 곳으로 만들려고 할 때에 얼마나 볼썽사나워지는지요! 이 말씀은 아울러 하느님의 거처이신 우리의 영혼에 대한 위험들을 물리치도록 도움을 줍니다. 곧 우리의 이익만을 좇아 살며 우리 영혼을 장사하는 곳으로 만드는 것이 아니라, 관대하고 연대적인 사랑의 장소로 만들도록 말입니다.

예수님의 이러한 가르침은 언제나 현재 지속형입니다. 단순히 교회 공동체에만 적용되는 것이 아니라 각 개인과 시민 사회 그리고 모든 공동체에도 적용되는 거죠. 사실 전적으로 불법만 아니라면 개인적 이익을 위해 좋은 활동들을 이용하려는 유혹은 흔하게 생기는 일입니다. 하지만 하느님과 그분에 대한 마땅한 예배 혹은 그분 모상인 사람에 대한 봉사를 도구로 이용하는 것은 매우 심각한 위험입니다. 그리고 바로 이 때문에 예수님은 치명적인 위험으로부터 우리를 깨우시기 위해 이러한 '충격 요법'을 사용하신 거죠.

하여 동정 마리아께서 우리를 도와주시길 빕니다. 사순시기라는 좋은 기회를 통해 우리 마음과 행동에서 온갖 형태의 우상 숭배를 거두어 내시어 우리가 하느님만이 우리 삶의 유일한 주님이심을 알아볼 수 있도록 말입니다.

❖ 성전을 단순히 장사하는 집으로 만들지 마라고 하심은 단순히 물건을 사고팔지 마라는 말씀은 아닐 겁니다. 가난한 이들을 위한 자선 바자회와 같은 일은 하느님 보시기에도 좋을 테니까요. 그러므로 이 말씀은 하느님을 내세워 '내 이익'을 취하느냐 아니냐가 핵심입니다.

그리고 이런 점에서 일상적으로 하는 '내 기도' 역시 아버지의 집을 장사하는 집으로 만들 수 있음을 깨닫게 됩니다. 하느님을 핑계로 내 것을 취하는 모든 것이 주님이 제일 싫어하시는 일입니다. 어쩌면 차라리 뻔뻔하게 그냥 내 욕심이라고 드러내는 게 그나마 나을지도 모릅니다. 그래야 교정받을 수라도 있으니까요.

내 아버지의 집을 장사하는 집으로 만들지 마라!

십자가는 단순히
장신구가 아닙니다

2018년 3월 18일
사순 5주일 삼종 훈화

사랑하는 형제자매 여러분, 오늘 복음은 예수님 생애 마지막 즈음에 있었던 일화를 전해 줍니다. 이 사건은 히브리인들의 파스카 축제를 지내기 위해 가셨던 예루살렘에서 벌어진 일이었습니다. 당시 그곳에는 이 종교적 의례에 참석하기 위해 온 몇몇 그리스인들도 있었습니다. 그들은 유대 민족의 신앙에 이끌려 그 종교적 감흥에 추동된 이들이었습니다. 그래서 그들은 이 위대한 예언자에 대한 전언을 들은 뒤 열두 사도 가운데 한 명이었던 필립보에게 다가가 이렇게 말

합니다. "예수님을 뵙고 싶습니다."(요한 12,21)

그런데 여기에서 요한 복음사가는 '보다'라는 동사를 강조합니다. 그리고 복음사가의 이 단어에는 겉모습을 넘어 한 인격의 신비를 파악하려는 의미도 담겨 있죠. 요한이 구사하고 있는 '보다'라는 동사는 시각적 차원과 함께 마침내 마음에 이르고, 이해하게 되며, 결국에는 한 사람의 내면에까지 이르게 되는 겁니다.

여기에서 예수님의 반응도 놀랍기만 합니다. 그분은 가타부타 설명하지 않으시고, 다만 다음과 같이 말씀하셨습니다. "사람의 아들이 영광스럽게 될 때가 왔다."(요한 12,23) 이 말씀은 얼핏 보기에 그리스인들의 요청을 무시하는 것처럼 보였습니다. 하지만 실제로는 진정한 답을 주신 셈이죠. 왜냐하면 예수님을 알고자 하는 이는 그분의 영광이 드러나는 십자가 안을 살펴야만 하니까요. 네, 십자가의 안을 들여다봐야 합니다.

하여 오늘 복음은 우리의 시선을 십자가로 이끕니다. 장식품이나 장신구로서가 아닌, 십자가 그 자체로 말이죠. 때때로 십자가는 이런 취급을 받고 있습니다. 그래서 이 복음은 묵상하고 이해해야 하는 종교적 표징으로서 십자가를 바라보라고 초대합니다. 십자가에 달리신 예수님의 모습은 하느님 아드님의 죽음의 신비로서 궁극적 사랑의 실천을 드러내 보여 주시니까요. 그것은 모든 세대와 온 인류를 위한 생명과 구원의 원천입니다. 그분의 상처로 우리는 치유됐습니다.

이에 우리는 이렇게 자문해 볼 수 있습니다. "우리는 십자가를 어떻게 바라보고 있는가? 혹시 예술 작품으로 보고 있는 건 아닌가?" 이에 "예쁘네, 아니네로 보고 있는 것은 아닌가?" 아니면 "십자가 안에서 예수님의 상처를 바라보며 그분의 마음까지도 바라보고 있는가?" 우리는 십자가에서 마치 노예나 범죄자와 같이 처형당하신 하느님의 신비를 보고 있습니까? 그러므로 이 점을 잊으시면 안 됩니다. 십자가를 바라볼 때, 우리는 그 안을 보아야 합니다. 그리고 주님의 기도를 할 때 주님의 다섯 상처는 아주 좋은 묵상거리입니다. 곧, 주님의 기도를 바칠 때마다 예수님의 상처들을 통해 그 안으로, 그분 마음 안으로 들어가 보자는 겁니다. 그러면 그곳에서 우리는 그리스도 신비에 대한 위대한 지혜를 얻게 될 것입니다. 십자가의 위대한 지혜를 말입니다.

그런데 당신의 죽음과 부활에 대하여 설명하기 위해 예수님은 다음의 예시를 들어 말씀하십니다. "밀알 하나가 땅에 떨어져 죽지 않으면 한 알 그대로 남고, 죽으면 많은 열매를 맺는다."(요한 12,24) 그분은 당신의 극적인 사명인 죽음과 부활이 하나의 열매를 맺는 행위임을 이해시키고자 하셨습니다. 그러니까 우리를 치유하는 그분의 상처, 곧 그분의 수난은 많은 열매를 내어 주는 행위라는 것입니다. 그분은 당신 자신을 땅에 떨어져 썩음으로써 새 생명을 키우는 밀알에 비유하십니다. 예수님은 강생하셔서 이 땅에 오셨으니까요. 하지만 이것이 전부가 아닙니다. 그분은 사람들을 죄의 노예살이로부터 해방하고 그들에게 사랑으로 화해한 새로운 생명을 주기 위해 죽으셔야만 했습니다. 지금 저는 '사람들을 구속하기 위해서'라고 말씀드렸습니다. 그런데 이 사람들이란, 바로 나, 그대, 우리 모두를 뜻합니다. 그분은 이런 값을 치르신 겁니다. 그리고 이것이 바로 그리스도의 신비입니다.

그러므로 그분의 상처들을 보고 그 안으로 들어가 그것들을 묵상하시기 바랍니다. 예수님을 바라보세요. 그 내면을 말입니다.

예수님 안에서 성취된 밀알의 이러한 역동성은 그분의 제자들인 우리 안에서도 실현되어야만 합니다. 사실 우리는 생명을 잃음으로써 영원한 새 생명을 얻는다는 이러한 부활 법규를 실천하라고 부르심받았습니다. 자, 그렇다면 생명을 잃는다는 것은 무슨 뜻일까요? 다시 말해, 밀알이 된다는 것은 무슨 의미일까요? 그것은 자신이나 자신의 관심사에 대한 생각을 줄이고 대신에 우리 이웃들과 특별히 보다 작은 이들의 필요들을 볼 줄 알고, 만나러 갈 줄 안다는 뜻입니다. 영육 간에 고통받고 있는 이들에게 기쁘게 실천하는 애덕 행위는 복음으로 살아가는 확실한 방법이니까요. 아울러 이는 우리 공동체가 형제애와 상호 간의 환대 안에서 성장할 수 있게 하는 필수적인 토대이기도 합니다.

이에 저는 예수님을 뵙기를 원합니다. 하지만 그 내면을 보고 싶습니다. 그분 상처 안으로 들어가십시오. 그리고 그분 마음속의 바로 그대를 향한, 나를 향한, 우리 모두를 향한 그 사랑을 함께 느껴 보시기 바랍니다.

베들레헴의 구유에서부터 골고타의 십자가에 이르기까지 언제나 당신 아드님께 마음의 시선을 고정하고 계신 동정 마리아께서 예수님의 바람대로 우리가 그분을 만나 그분을 알게 되도록 도와주시길 빕니다. 그리하여 우리가 예수님으로부터 조명된 삶을 살며, 세상 속으로 정의와 평화의 열매를 가져갈 수 있도록 말입니다.

❖ 십자가는 본래 생명을 빼앗는 끔직한 형벌을 가하는 기구였습니다. 그러던 그것이 예수 그리스도의 희생과 부활로 인해 신앙인들에게 구원의 상징이 되었습니다. 그러므로 십자가에는 '생명 잃음', '희생', '부활'의 의미가 모두 들어 있는 셈입니다. 그런데 우리는 혹시 제일 첫 번째의 '생명 잃음'이나 두 번째의 '희생'은 건너뛰고 무조건 '부활'의 영광과 화려함만을 좇는 것 아닌지 돌이켜 봐야 합니다. 그러지 않고서야 십자가를 단순히 장신구처럼만 착용할 수는 없는 일이니까요.

십자가는 단순히 장신구가 아닙니다

우리는 정말 사랑과 신앙의 '사투리'로 말하고 있나요?

 2018년 8월 25일
아일랜드 '세계 가정 대회' 참석 첫날 신자들과의 질의응답

이제 막 혼인한 스티븐과 조던은 '부모로서 어떻게 자녀에게 신앙을 전달할 수 있느냐?'는 매우 중요한 질문을 해 주었습니다. 물론 저는 이곳 아일랜드 교회가 학교와 본당을 통한 신앙 교육을 위해 매우 신중하게 각종 프로그램들을 준비해 온 것을 알고 있습니다. 네, 분명 이러한 것들은 필수적입니다. 하지만 신앙을 전달하는 첫 번째 공간은 바로 '집'입니다. 아이들은 신앙을 먼저 '집'에서 익히게 되죠. 주님을 사랑하고 그분 말씀에 믿음을 두는 부모님의 평범하고도 일상적

인 선례들을 통해 말입니다. 따라서 우리는 집 안이 바로 '가정 교회'라고 말할 수 있습니다. 자녀들이 신실함과 정직함 그리고 희생을 익히는 곳으로서 말입니다. 네, 아이들은 엄마 아빠가 서로 어떻게 행동하는지를 봅니다. 그들은 부모가 서로는 물론 남들을 어떻게 돌보는지, 아울러 하느님과 교회를 어떻게 사랑하는지를 다 보고 있죠. 그리고 그렇게 자녀들은 복음의 신선한 공기를 호흡하며 그들이 물려받은 신앙에 합당한 방식으로 이해하고 판단하며 행동하는 법을 배웁니다.

형제자매 여러분, 신앙이란 집 안의 식탁 둘레에서 일상적인 대화로 전달되는 법입니다. 오직 사랑해야만 말할 수 있는 언어를 통해서 말입니다. 하여 형제자매 여러분 부디 잊지 마세요. 신앙은 사투리(일상생활에서 사용하는 말)로 전달됩니다! 집 안에서의 사투리, 각 가정마다 쓰는 말마디 그러니까 각 가정의 특징적인 말로써 말입니다.

이에 가족이 함께 기도하는 것이 중요합니다. 아울러 거룩하고 선한 것에 대해 이야기하며 우리 어머니이신 마리아를 여러분의 삶과 가정 안으로 모실 필요가 있죠. 더불어 여러분의 자녀들이 무엇이 가족에게 축제의 날인지를 알 수 있도록 그리스도교 축일을 기념하시기 바랍니다. 허나 무엇보다도 공동체 변두리에서 고난을 겪는 이들과 깊이 연대하며 사시길 빕니다. 자녀들이 그것을 배울 수 있도록 말입니다.

하여 이와 관련한 일화를 들려 드리죠. 저는 각각 7살, 5살, 3살 안팎의 세 자녀를 둔 어떤 자매를 알고 있는데요. 그 부부는 서로에게 훌륭한 배우자이고 굳은 신앙으로 자녀들을 가르쳤더랬죠. 그들은 자녀들에게 가난한 이들을 도우라고 가르쳤습니다. 한데 어느 날, 아빠는 일하러 가고 엄마와 세 자녀가 점심을 먹을 때였다고 합니다. 때마침 초인종 소리를 듣고 맏이가 문을 열러 갔다가 돌아와서는 "엄마, 어떤 사람이 먹을 것을 청하러 왔어요."라고 하더랍니다. 그들은 빵가루를 입힌 밀라노식 스테이크를 먹는 중이었죠. 해서 엄마가 아이들에게 "우리가 어떻게 할까?" 하고 물었답니다. 그러자 세 아이 모두 "네, 엄마 먹을 것을 줘요. 저기 냉장고에 또 있잖아요."라고 했답니다. 하지만 그 엄마는 칼을 가지고 와 아이들의 음식을 각각 절반씩 잘라 나눴다고 합니다. 이에 아이들은 "아니요. 우리 꺼 말고 다른 걸 주세요." 라고 했지만 어머니는 이렇게 말했습니다. "아니! 가난한 이들에게는 너희 몫을 주는 거야. 남는 것을 주는 것이 아니라!"

네, 이렇게 신앙심 깊은 여인은 자녀들에게 가난한 이들을 진심으로 위한다면 자신의 것을 내주어야 함을 알려 주었습니다. 우리 모두 각자의 집안에서 이러한 체험을 할 수 있죠. 진정 사랑이 있기만 하다면, 신앙이 있기만 하다면, 믿음의 '사투리'로 말할 수 있기만 하다면 말입니다. 결국 여러분의 자녀들은, 여러분이 그리스도인답게 사는 것에 따라 배우게 될 것입니다. 네, 바로 여러분이 자녀들의 첫 교리 교사, 신앙의 전달자가 되셔야만 합니다.

❖ 옳고도 좋은 말이 부족한 것이 아니라 넘쳐 나는 요즘, 정작 세상은 그리 바뀌지 않는 것은 무슨 까닭일까요? 혹, 본인도 모르게 그저 어디서 주워듣거나 피상적인 '옳고도 좋기만 한 말들'을 쏟아 내고 있기만 한 것은 아닐까요? 이에 정작, 당장 내 옆의 누구 한 사람에게도 그러한 옳음과 선함을 체험케 하지 못해서는 아닐는지요.

하여, 진정으로 보다 나아지는 세상을 원한다면 냉철한 비판과 함께 불편하고 껄끄럽지만 자신을 성찰해 보는 작업이 우리 모두에게 필요하지 않을까 합니다. 특히나 이 사회에 필요한 서슬 퍼런 죽비 소리를 자처하며 목소리를 높이는 이들이라면 더더욱 말입니다. 곧, '나는 남을 비판하는 기준대로 행동했던가?', '나는 과연 한 사람에게라도 진정으로 복음을 체험케 하는 실천을 했었던가?', '입바른 말이 아닌 진정 어린 '신앙의 사투리'를 구사했던가?' 하고 말입니다. 실상 세상을 바꾸는 모든 혁명은 바로 '나'부터 실천할 때 비로소 성공할 수 있을 테니까요. 혁명의 무리에서 남부터 앞세우는 이는 혁명가가 아니라 그저 협잡꾼일 테지요. 네, 세상은 판에 박힌 옳고도 좋은 남의 말이 아닌 팔딱팔딱 살아 숨 쉬는 나만의 '사랑의 사투리', '신앙의 말버릇'을 듣고 싶어 합니다.

우리는 정말 사랑과 신앙의 '사투리'로 말하고 있나요?

평화의 밀알이 필요합니다
−지혜와 책임감 있는 분별력으로

2018년 4월 1일
주님 부활 대축일 우르비 엣 오르비Urbi et Orbi 중에서

사랑하는 형제자매 여러분, 부활을 축하드립니다.

예수님이 죽음에서 부활하셨습니다. 그리스도가 부활하셨습니다. 하여 온 세상의 교회에는 알렐루야 찬송과 더불어 다음의 선포가 다시 울려 퍼집니다. "예수님이 주님이시며, 성부께서 그분을 죽음에서 일으켜 세우시어 그분은 언제나 우리 가운데 살아 계신다."라고 말입니다. 주 하느님을 찬미합시다! 알렐루야.

예수님은 친히 당신의 죽음과 부활에 관하여 밀알의 비

유를 들어 선포하셨습니다. "밀알 하나가 땅에 떨어져 죽지 않으면 한 알 그대로 남고, 죽으면 많은 열매를 맺는다."(요한 12,24)

참으로 그분은 '떨어지고야' 마셨습니다. 예수님은 하느님으로부터 지상의 밭고랑에 씨 뿌려진 밀알이시니까요. 이에 그분은 세상의 죄로 인해 죽임당하셨고, 무덤에서 만 이틀을 머무셔야 했죠. 하지만 그분의 죽음 안에는 하느님 사랑의 모든 능력이 담겨 있습니다. 곧 오늘 우리가 기념하고 있는 바와 같이 그분은 저승에 가시어 3일 만에 권능을 드러내 보이시며 죽음을 떨치신 것입니다. 다시 말해, 주 그리스도의 부활입니다.

이에 우리 그리스도인들은 그리스도의 부활이야말로 결코 실망시키지 않는 참된 세상의 희망이라는 것을 알고 있으며 그렇게 믿습니다. 곧 자신을 낮추고 마지막까지 내어 주는 이 밀알의 힘이 정말로 세상을 새롭게 하는 것 말입니다.

불의와 폭력에 대별되는 이러한 권능은 오늘날 우리 각자의 삶의 고랑에도 결실을 가져옵니다. 그리하여 궁핍하고 소외된 곳에, 아울러 굶주리고 일자리를 상실한 곳에, 그리고 난민과 이민자들 가운데, 더불어 '폐기 처분의 문화'로부터

야기되는 마약 밀매와 인신 매매 그리고 우리 시대의 각종 노예살이의 희생자들 가운데 희망과 존엄의 결실을 가져 옵니다. 그러므로 오늘 우리는 온 세상을 위한 평화의 결실을 구하도록 합시다.

다음으로는 우리 모두 한반도를 향한 대화의 결실을 간구합시다. 현재 진행 중인 만남과 회담들이 남과 북의 화해와 화합으로 발전할 수 있기를 빕니다. 직접적인 책임을 지닌 당국자들이 한국 국민의 선익을 도모하고, 아울러 국제 사회에서 신뢰 관계를 구축할 수 있도록 지혜와 책임감, 분별력으로 행동하기를 기원합니다.

전능하신 천주 ✠ 성부와 ✠ 성자와 ✠ 성령께서는 여기 모인 모든 이에게 강복하소서. 아멘.

오늘처럼 하느님이 필요한 날은 없었다

뭣이 중헌디?
좀 들으라고!

 2016년 7월 17일
연중 16주일 삼종 훈화

사랑하는 형제자매 여러분, 오늘 복음에서 루카 복음사가는 예수님께서 예루살렘을 향해 가시던 중 생긴 일을 전합니다. 바로 마르타와 마리아라는 자매의 집을 방문하신 일입니다. 이 두 사람은 모두 주님을 기꺼이 맞아들였지만, 그 방식에는 차이가 있었습니다. 마리아는 주님 발치에 앉아 그분의 말씀을 경청한 반면, 마르타는 이것저것을 준비하느라 여념이 없었죠.

그러다가 마르타는 예수님께 말합니다. "주님, 제 동생이 저 혼자 시중들게 내버려 두는데도 보고만 계십니까? 저를 도우라고 동생에게 일러 주십시오." 그러자 예수님은 대답하십니다. "마르타야, 마르타야! 너는 많은 일을 염려하고 걱정하는구나. 그러나 필요한 것은 한 가지뿐이다. 마리아는 좋은 몫을 택하였다. 그리고 그것을 빼앗기지 않을 것이다."

마르타는 분주하고 바쁜 가운데 무언가를 잊고 있었습니다. 바로 이 점이 문제였던 거죠. 무엇이 더 중요한 것인지를 잊은 것 말입니다. 마르타는 방문자의 현존을 잊은 셈이었던 거죠. 왜냐하면 방문자는 단순히 시중받고 대접받고 돌봄받기 위해 오는 존재가 아니기 때문입니다. 오히려 방문자는 그 무엇보다도 당신의 말을 '들어 주기'를 원해서 찾아온 거죠. 그러므로 여러분도 잘 기억해 두세요. 핵심은 '들어 주는 것'입니다! 방문자란 개인의 역사와 감정, 생각이 살아 숨 쉬는 심장을 지닌 한 '사람'이므로 주인은 그를 마치 가족처럼 맞이해야 합니다. 만약 여러분이 손님을 집에 맞이하면서, 손님은 한쪽에 앉혀 놓은 채 하던 일을 계속한다면, 또 손님도 아무 말하지 않고 여러분도 말하지 않는 경우라면, 이는 아마도 돌덩이를 대하는 것과 같을 겁니다. 손님을 돌멩이로 취급하는 셈이죠. 허나 손님은 경청해야 하는 존재입니다.

이에 예수님은 사실 필요한 것은 단 한 가지뿐이라고 마르타에게 분명히 말씀하십니다. 예수님 당신의 말씀을 경청하는 것이야말로 가장 중요하다고 말입니다. 왜냐하면 바로 그 말씀이야말로 우리 자신의 존재와 우리가 하는 모든 활동에 빛을 비춰 주고 힘을 불어넣어 주니까요.

하지만 우리가 십자가 앞에 기도하러 간다고 할 때, 주야장천 내 기도만 말하고 예수님의 응답은 듣지 않을 때가 허다한 게 사실입니다. 우리는 도무지 예수님께서 우리 마음속에 말씀하시도록 내버려 두지 않는 겁니다. '경청하기 곧 귀 담아듣기!' 이것이 핵심입니다! 여러분, 잊으시면 안 됩니다. 예수님의 말씀이야말로 우리를 비추시고 지탱해 주신다는 점을 잊어서는 안 됩니다. 그분의 말씀만이 우리 존재는 물론, 우리가 하는 모든 활동을 가능하게 하십니다.

이런 맥락에서 복음이 전하는 마르타와 마리아의 집에서 일어났던 일을 꼭 기억해야 합니다. 다시 말해, 예수님은 주님이자 스승 이전에 순례자이자 손님(방문자)으로서 다가오셨다는 점 말입니다. 따라서 그분의 대답은 다음과 같이 일차적이고도 보다 직접적인 뜻이었습니다. "마르타야, 마르타야. 너는 손님의 존재를 잊을 만큼 왜 그리 손님 대접에만 분주히 신경을 쓰느냐?" 네, 마르타는 손님을 돌덩이로 취급한 셈인 거죠.

사실 그분을 맞이하는 데 많은 것이 필요하지 않습니다. 단 한 가지만이 필요할 뿐이죠. 바로 그분께 귀 기울이는 것 말입니다. 그분의 말씀을 경청하는 거죠. 우리는 그분께 형제적 태도를 보여야 합니다. 그저 스쳐 가는 이로서 대하는 것이 아니라 마치 가족을 맞이하는 것처럼 대해야 하는 거죠. 그리고 이와 같이 '손님 환대'라는 것은 자비의 한 표현으로써 참으로 인간적인 덕, 특히 그리스도인의 덕목입니다. 아울러 이는 오늘날 세상에서 무시당하고 있는 덕목이기도 하죠.

오늘날 각종 요양원과 수용 시설이 늘어 가고 있습니다. 이러한 곳에서 늘 참된 환대의 정신이 실현되지 않고 있는 것도 사실이죠. 삶을 연명하게는 하지만 다양한 형태의 병고와 외로움 그리고 소외를 만들어 내는 시설이 많아지고 있습니다. 그러나 정작 그 안의 외국인이나 난민 그리고 소외된 이를 찾아 그들의 말을 경청할 마음이 있는 이들은 점점 줄어들고 있죠. 그들의 가슴 아픈 이야기를 듣지 않는 겁니다.

이에 멀리 갈 것도 없이 우리는 가족끼리 참으로 환대하고 경청하면서 서로에게 봉사하고 돌보는 방법을 찾아볼 수 있습니다. 실상 오늘날 우리는 여러 문제로 인해 정신이 없는 게 사실입니다. 그 문제들 중 몇 가지는 그리 중요하지 않은데도 말입니다. 하지만 우리는 이런 문제들에 신경을 쓰느라 경청하는 능력을 잃고 말았습니다. 우리는 계속해서 분주하고 번잡해지면서 경청할 시간을 갖지 못하게 된 것입니다.

이에 여러분께 한 가지 질문을 하겠습니다. 각자 마음으로 솔직히 답해 보시기 바랍니다. "남편 여러분, 여러분은 부인의 말에 귀 기울이는 시간을 내고 있나요?", "아내 여러분, 여러분은 남편의 말을 경청하고 있습니까?", "부모 여러분, 여러분은 자녀의 말을 듣기 위해 자신들의 시간을 '내어 준 적'이 있습니까?" 더불어 여러분의 부모나 어르신을 위해서도 말입니다. "에이, 할아버지와 할머니는 언제나 이것저것 말씀하셔서 시끄러울 정도인데요."라고 생각하십니까? 네, 맞습니다. 하지만 그분들에게는 여전히 '들어 줄 사람'이 필요합니다! '경청하기 곧 귀담아듣기!' 저는 여러분이 경청하는 법과 좀 더 시간을 내어 주는 법을 익히시길 바랍니다. 귀 기울여 들어 주는 능력 안에 사실상 평화의 뿌리가 있으니까요.

그러면 경청과 사려 깊은 친절의 어머니이신 동정 마리아께서 우리에게 형제자매들을 진정으로 맞아들이고 환대하는 법을 알려 주시길 청합시다.

❖ 누군가 나를 보자 불러 놓고는 말 한마디 할 기회조차 주지 않고 자신의 말만 한다면, 아마 그 사람을 다시 보고 싶지는 않을 것입니다. 하지만 정작 우리, 나 자신은 어떠할까요? 아, 그래도 나는 나름의 이유와 타당한 근거로 말을 하는 것이니 별 문제없을 거라고요? 네, 그럴 수도 있겠습니다. 하지만 바로 그 생각이 우리를 고집불통으로 만드는 고질병일 수 있습니다.

오늘처럼 하느님이 필요한 날은 없었다

제7장

주님은 바로 '내'가 필요하십니다

찾아 나서시는 예수님 그리고 특별한 평범함

2017년 1월 22일
연중 3주일 삼종 훈화 및 설날 덕담

사랑하는 형제자매 여러분, 오늘 복음은 예수님께서 갈릴래아에서 첫 번째 설교를 하시는 장면을 전해 줍니다. 그분은 산 위의 마을이었던 나자렛을 떠나 주요한 고을 가운데 하나인 호숫가의 카파르나움에 머무시죠. 이곳은 이방인이 많이 살던 곳으로 지중해와 메소포타미아를 잇는 요지였습니다. 이러한 장소는 그분 설교의 대상이 단순히 그분의 동족에게만 한정되는 것이 아님을 알려 줍니다. 당시 '이민족들의 갈릴래아'라고 불리던 국제적인 그곳에 찾아오는 많은 사람도 대상이었던 거죠.

당시 수도였던 예루살렘의 관점에서 보자면 이곳은 지정학적으로는 변방이요, 종교적으로는 타락한 곳이었습니다. 이교도가 많이 살고 있었으니까요. 이스라엘에 속하지 않은 많은 사람이 섞여 있었던 거죠. 그래서 그 누구도 갈릴래아에서 구원 역사의 대단한 무엇을 기대하지는 않았더랬습니다. 하지만 확실히 그곳에서부터 '빛', 곧 '그리스도의 빛'이 퍼져 나갔습니다. '그리스도의 빛'은 변방에서부터 퍼져 나가게 된 것입니다.

예수님의 메시지는 세례 때 울려 퍼진 것과 같습니다. 곧, '하늘나라'를 선포하시는 메시지죠. 하지만 이 나라는 새로운 정치권력으로 이뤄지지 않습니다. 이 나라는 하느님과 당신 백성이 이루는 평화와 정의의 새 시대를 열기 위한 '일치'를 뜻하니까요. 그리고 당신과 일치의 계약을 맺기 위해 하느님은 우리 각자를 회심하도록 부르십니다. 그리하여 참으로 생각하는 법과 사는 법을 변화하도록 말이죠. 이것이 참으로 중요합니다. 우리가 단순히 사는 법만을 바꾸는 것이 아니라, 생각하는 것부터 바꾸는 것이죠. 발상의 전환 말입니다. 그분은 겉모습을 바꾸라고 하시지 않고, 습관을 고치라고 하십니다. 이러한 맥락에서 다음의 모습은 요한 세례자와 예수님을 구분 짓는 특징이자 예수님의 선포 방법입니다. 예수님은 방랑하는 예언자의 삶을 택하셨습니다. 그분은 사람들을 기다리며 머무르신 게 아니라, 그들을 만나기 위해 움직이셨습니다. 예수님은 늘 여정 중에 계셨습니다.

오늘 듣게 되는 그분의 초창기 선교 여정은 갈릴래아 호수를 따라 이루어졌습니다. 이곳에서 사람들, 특별히 어부들을 만나시면서 말입니다. 이곳에서 예수님은 그저 하느님 나라가 다가왔다고 선포만 하신 것이 아니라, 당신의 구원 사명에 함께할 동료들을 찾으셨죠. 그리고 그분은 같은 장소에서 두 형제를 만나셨습니다. 바로 시몬과 안드레아 그리고 야고보와 요한이죠. 그분은 그들을 부르시며 이렇게 말씀하셨습니다. "나를 따라오너라. 내가 너희를 사람 낚는 어부로 만들겠다."(마태 4,19) 그분의 부르심은 그들의 일상생활 중에 이루어졌습니다. 주님은 우리에게 특이하고 찬란한 방식으로 당신을 드러내지 않으십니다. 오히려 우리 삶의 일상에서 드러내시죠! 우리는 그곳에서 주님을 찾아야만 합니다. 왜냐하면 바로 그곳에서 주님은 당신을 드러내 보이시고, 우리 마음이 당신의 사랑을 느끼도록 해 주시니까요. 그리고 이러한 삶의 일상에서 이루어지는 그분과의 대화를 통해 우리의 마음은 바뀌게 됩니다.

어부 네 명은 즉각 응답했습니다. "그들은 곧바로 그물을 버리고 그분을 따랐죠."(마태 4,20 참조) 그런데 사실 우리가 알고 있다시피 본래 그들은 요한 세례자의 제자들이었더랬습니다. 그의 증언 덕분에 그들은 이미 예수님을 메시아로 따를 준비가 되어 있었던 거죠(요한 복음서 참조). 오늘날 우리 그리스도인들이 믿음을 선포하고 증거할 수 있는 기쁨을 지닐 수 있는 것도 모두 이러한 첫 번째 선포가 있었기 때문입니다. 예수님의 부르심에 기꺼이 응답한 겸손하고 용기 있는 이들 덕분이죠. 그리고 이렇게 호숫가, 그 누구도 예상하지 못한 곳에서 첫 번째 그리스도 제자들의 공동체가 생겼습니다.

이러한 복음 전파 초창기의 일을 살펴볼 때 우리 안에는 그 어떤 상황에서도 예수님의 말씀과 사랑, 호의를 전하려는 바람이 생깁니다. 심지어 말이 통하지 않고 상대를 거부하는 상황에서도 말입니다. 우리는 모든 변두리와 외곽으로 말씀을 전해야 합니다. 사람이 사는 그 어떤 곳이든 복음의 씨앗이 떨어진 땅이니까요. 구원의 열매를 맺기 위한 곳으로써 말입니다.

동정 마리아께서 자모적 전구를 통해 우리가 예수님의 부르심에 기쁘게 응답하고 하느님 나라에 기꺼이 투신할 수 있도록 우리를 도와주시길 빕니다.

찾아 나서시는 예수님 그리고 특별한 평범함

이번 성탄에도 주님은
바로 '내'가 필요하십니다

2016년 12월 18일
대림 4주일 삼종 훈화

사랑하는 형제자매 여러분, 안녕하세요.

대림 제4주일이자 마지막 주일인 오늘 전례는 '가까이 다 가옴'이라는 주제로 특징지어집니다. 하느님께서 인류에게 가까이 다가오심이 오늘 전례의 핵심이죠.

오늘 복음(마태 1,18-24)에 두 사람이 등장합니다. 가까이 다 가옴이라는 사랑의 신비에 다른 누구보다 깊숙이 참여한 두 사람이죠. 바로 동정 마리아와 그의 배필 요셉입니다. 이 두 사람은 사랑의 신비, 곧 하느님께서 인간의 모습으로 가까이 오시는 신비에 결정적으로 참여한 인물입니다.

마리아는 예언의 빛을 통해 이미 이렇게 드러난 분이셨죠. "보아라, 동정녀가 잉태하여 아들을 낳으리니."(마태 1,23) 마태오 복음사가는 마리아에게 일어난 일을 이와 같이 전합니다. 곧, 그분께서 예수님을 잉태한 것은 성령의 일하심으로 이루어진 일이라는 것입니다. 다시 말해 하느님의 아드님께서 그녀의 태 안으로 '오시어' 사람이 되셨고, 그녀는 오시는 그분을 맞아들이신 겁니다. 그리고 이러한 유일무이한 방법을 통해, 하느님은 한 여인으로부터 육신을 취해 사람이 되시고자 가까이 다가오신 거죠. 네, 하느님은 우리에게 가까이 다가오셨고, 한 여인을 통해 육신을 취하신 겁니다.

하느님은 우리의 삶 안으로 들어오시기 위해, 더불어 당신 아드님을 우리에게 선물로 주시기 위해 은총과 함께 우리에게 다가오십니다. 자, 그럼 우리는 이제 무엇을 해야 할까요? 그분을 맞아들이고 다가오시는 그분께 우리를 맡겨 둘 건가요, 아니면 그분을 거부하거나 내쫓을 건가요? 역사의 주님께 자신을 내어 드림으로써 그분께서 인류의 운명을 바꿀 수 있도록 하신 마리아와 같이, 우리 역시 예수님을 맞아들이고 매일 그분을 따르기 위해 노력해야 합니다. 그럼으로써 우리는 그분의 구원 계획을 우리 자신과 온 세상에 펼치는 데에 협력할 수 있을 것입니다. 그리고 이런 맥락에서 마리아는 우리가 주목해야 할 모범이자, 하느님을 향한 다가감 속에서 우리가 하느님을 찾도록 하는 든든한 보루이신 셈입니다. 곧 하느님께서 우리에게 다가오시고자 할 때, 우리가 피하지 않고 사랑의 문화를 건설하기 위해 노력하는 데 마리아는 탁월한 모범이신 거죠.

다음으로 또 다른 주인공은 요셉 성인입니다. 복음사가는 요셉이 자신의 눈앞에서 벌어진 일, 곧 마리아의 임신을 혼자서는 도무지 납득할 수 없었다고 전합니다. 분명 당시 그는 의심과 함께 두려움도 가졌을 것입니다. 하지만 하느님은 그에게도 가까이 다가가십니다. 당신의 천사를 보내셨고, 이에 그는 마리아의 임신에 대해 깨닫게 되었죠. "그 몸에 잉태된 아기는 성령으로 말미암은 것이다."(마태 1,20) 그리하여 마음속에서 온갖 의문이 드는 이상스러운 사건 앞에서도 가까이 다가오시는 하느님을 온전히 신뢰하며 그분의 초대를 따랐습니다. 그럼으로써 요셉은 파혼하지 않고 약혼자 마리아를 받아들였습니다. 그리고 마리아를 받아들임으로써 요셉은 분명 의식적으로 아울러 사랑으로, 불가능이란 없는 하느님의 기적으로 그녀 안에 잉태된 아드님까지 받아들이게 된 거죠. 요셉은 겸손하고 의로운 사람으로, 우리에게 다가오시는 하느님을 신뢰하는 법을 알려 줍니다. 하느님이 우리에게 가까이 다가오셨을 때 우리는 그분을 신뢰해야만 합니다. 요셉은 우리에게 자발적인 순종으로 주님을 따르는 법을 가르쳐 주시는 셈입니다.

그러므로 신앙을 통해 첫 번째로 예수님을 받아들인 마리아와 요셉의 모습은 우리를 성탄의 신비로 안내합니다. 마리아는 우리의 구체적인 삶에서 하느님의 아드님을 맞아들일 수 있도록, 우리가 누구나 자유롭게 다가올 수 있도록 하는 태도를 갖도록 도움을 줍니다. 요셉은 우리가 언제나 하느님의 뜻을 찾고, 충만한 믿음을 가지고 따르도록 우리를 북돋아 주죠. 네, 결론적으로 이 두 분 모두 하느님께서 가까이 다가오시도록 자신을 내버려 두신 겁니다.

"'보아라, 동정녀가 잉태하여 아들을 낳으리니 그 이름을 임마누엘이라고 하리라.' 하신 말씀이다. 임마누엘은 번역하면 '하느님께서 우리와 함께 계시다.'는 뜻이다."(마태 1,23) 천사는 이렇게 말했습니다. "아기의 이름을 임마누엘이라고 하여라. 그 말은 '하느님께서 우리와 함께 하신다'는 뜻이다."

다시 말해, 하느님께서 우리 가까이에 계신다는 말씀입니다.

우리는 가까이 오시는 하느님, 주님께 문을 열어야 합니다. 특히 우리가 내면의 영적 동요를 느낄 때, 다른 이들을 위해 무언가를 좀 더 해야 한다고 요청받는다고 느낄 때, 기도를 하라고 부르심받는다고 느낄 때 말입니다. 왜냐하면 바로 그때가 하느님이 우리와 함께하시며, 우리 가까이 계실 때니까요.

이러한 희망의 선포가 성탄을 통해 참으로 드러나 하느님의 뜻이 온전히 실현되기를 빕니다. 아울러 우리 모두와 온 교회 그리고 특별히 여러 갈래로 갈라진 오늘날 세상의 수많은 약한 이들 안에서 실현되길 바랍니다. 하느님은 당신이 가까이 다가가시는 모두를 사랑하시기 때문입니다.

❖ 이번 성탄에 "그대가 나의 어머니 마리아, 나의 양아버지 요셉이 되어 줄래요?" 아기 예수님이 우리 각자에게 이렇게 묻고 계실지도 모릅니다.

이런 의미에서
'좁다'라고 하는 겁니다

2016년 8월 21일
연중 21주일 삼종 훈화

　사랑하는 형제자매 여러분, 오늘 복음은 '구원'이라는 주제를 묵상하도록 우리를 초대합니다. 루카 복음사가는 예수님께서 예루살렘으로 올라가시던 도중 맞닥뜨리게 된 다음의 질문에 대하여 전하고 있습니다. 바로 "주님, 구원받을 사람은 적습니까?"라는 물음입니다.

　그런데 주님은 이 질문에 대해 직접적으로 답해 주지 않으셨습니다. 오히려 다른 차원의 대화로 이끌어 가셨죠. 암시적인 말씀과 함께 어쩌면 처음에는 제자들도 알아듣지 못할 법하게 말씀을 이어 가십니다. "너희는 좁은 문으로 들어가도록 힘써라. 내가 너희에게 말한다. 많은 사람이 그곳으로 들어가려고 하겠지만 들어가지 못할 것이다."(루카 13,24)

이 대목에서 그분은 '문'이라는 이미지를 통해 구원받는 것이 결코 숫자의 문제가 아니라는 것을 듣는 이들이 깨닫게 하고자 하셨습니다. 몇 명인지를 아는 것이 중요한 게 아닙니다. 오히려 모든 이가 구원을 얻는 방법을 아는 것이 중요한 겁니다. 그리고 그 답은 바로 '문'에 있습니다. 이러한 '구원'을 향한 여정은 '문'을 통과해야만 하는 겁니다.

하지만 그 '문'은 대체 어디 있는 걸까요? 그리고 그 '문'은 어떻게 통과하는 거죠? 도대체 누가 그 '문'인 걸까요? 바로 예수님이 그 '문'이십니다! 요한 복음서에서는 그분 스스로 이렇게 말씀하셨죠. "나는 문이다."(요한 10,9) 실상 그분께서 우리가 사랑과 이해 그리고 보호를 받을 수 있는 천상 아버지께로 우리를 이끄십니다.

그런데 이 대목에서 우리는 다음과 같이 물을 수 있습니다. "왜 저 '문'은 좁은 거죠? 왜 좁다고 말씀하시는 거죠?" 하지만 '이 문이 좁다.'라고 하신 건 분명히 우리의 기를 꺾으려고 하신 건 아닙니다. 아니죠! 다만, 우리의 오만과 온갖 걱정을 작게 만들기 위함이죠. 곧, 우리는 죄인이며 우리에게 그분의 용서가 필요함을 깨달아, 그분께 겸손하고 신뢰하는 마음으로 우리 자신을 열 수 있도록 하기 위해서 말입니다. 바로 이런 의미에서 문이 '좁다'라고 하신 겁니다. 우리의 자존심과 오만이 우리를 비대하게 만드니까요.

하느님 자비의 문은 분명 좁습니다. 하지만 언제나 활짝 열려 있습니다. 모든 이에게 활짝 열려 있습니다! 하느님은 편애하지 않으시니까요. 그분은 언제나 모든 이를 차별 없이 받아 주십니다. 따라서 좁은 문은 우리의 자존심과 오만, 걱정들을 줄이기 위한 문이며, 그 문은 하느님께서 우리를 차별 없이 맞아 주시는 활짝 열린 문입니다.

그리고 이런 맥락에서 그분이 우리에게 주시는 구원은 끊임없이 우리에게 쏟아지는 자비의 물줄기입니다. 온갖 장애물을 뚫고 그지없이 놀라운 평화와 빛의 가능성을 열어젖히는 물줄기! 이것을 잊지 마세요. 구원의 문은 좁지만 언제나 활짝 열려 있습니다.

오늘 예수님은 다시 한번 우리에게 당신께 다가오라는 초대를 하십니다. 충만한 생명과 화해, 행복의 문을 통과하라고 말입니다. 그분은 우리 모두를 기다리시니까요. 그 어떤 죄를 지었든, 무슨 일을 했든 간에 말입니다. 그분은 우리를 안아 주고, 당신의 용서해 주시기 위해 우리를 기다리십니다. 오직 그분만이 우리 마음을 변화시킬 수 있습니다. 오직 그분만이 우리에게 참기쁨을 선사하시며, 우리에게 실존의 충만한 의미를 주실 수 있습니다.

예수님의 문에 들어가기만 하면, 다시 말해 복음과 신앙의 문을 통과하기만 하면 우리는 세속적이고 나쁜 습관들 그리고 이기심과 닫힌 마음에서 벗어날 수 있습니다. 하느님의 자비와 사랑에 맞닿을 때, 비로소 진정한 변화가 생기는 거니까요. 그리고 우리의 삶은 성령의 빛으로 비추어질 것입니다. 결코 꺼지지 않을 빛으로 말입니다.

저는 여러분에게 한 가지 제안을 합니다. 침묵 중에 잠깐 동안이라도 우리 안에 무엇이 자리 잡고 있기에, 우리가 저 문을 통과하는 데 방해를 받는지 살펴보도록 합시다. 나의 자존심과 오만 그리고 죄들 말입니다. 그런 다음 다른 측면, 즉 하느님의 자비로 활짝 열린 저 문을 생각해 봅시다. 우리를 용서해 주시기 위해 우리를 기다리시는 자비의 문 말입니다. 잠시 침묵하며 이 두 가지에 대해 살펴보도록 합시다.

주님은 우리가 구원받고, 저 구원의 문을 통과할 수 있도록 많은 기회를 마련해 주십니다. 이 문은 우리가 낭비해서는 안 될 기회입니다. 그러므로 우리는 오늘 복음에서 예수님께 드렸던 이 질문과 같이 학술적으로 구원에 접근해서는 안 됩니다. 오히려 저 구원의 기회를 받아들여야만 하는 거죠. 왜냐하면 어느 순간 '집주인이 일어나 문을 닫아 버릴 때'가 올 것이기 때문입니다.

그런데 하느님은 좋은 분이시고 우리를 정말 사랑하신다면서, 도대체 왜 문을 닫으실 때가 온다는 걸까요? 그 답은 우리의 삶은 비디오 게임이나 드라마가 아니기 때문입니다. 우리의 삶은 많은 주의를 요할 뿐 아니라, 성취해야 할 목적이 있다는 게 중요하죠. 바로 '영원한 구원' 말입니다!

그럼 이제 천국의 문이신 동정 마리아께, 우리가 신앙의 문을 통과하여 자유로움의 길로 들어가도록, 주님께서 우리에게 주시는 기회를 잘 받아들일 수 있도록 도움을 청합시다. 그분은 당신 사랑에 참여하는 모든 이를 구원하시니까요. 네, '사랑'으로 우리를 구원하십니다. 이미 이 지상에서도 사랑은 많은 이의 행복의 근원이죠. 온화함과 인내 그리고 정의 안에서 저 자신마저 잊고 다른 이들, 특별히 가장 작은 이들에게 자신을 내어 주는 이들을 통해서 말입니다.

❖ 밀림에서 원숭이를 잡는 비법 가운데 먹이를 담은 주둥이가 좁은 병을 땅에 묻어 두는 방법이 있습니다. 한 움큼 먹이를 집은 상태로는 병 속에서 손을 뺄 수 없도록 만들어진 일종의 함정인 셈이죠. 그런데 의외로 이 함정에서 벗어나는 법은 간단합니다. 바로 손에 한 움큼 쥔 먹이를 포기하면 되는 거죠.

하지만 대다수 원숭이는 손을 펼 생각은 못한 채 땅속에 박힌 병에 손이 묶여 허둥대다 잡히고 맙니다. 그런데 과연 원숭이들만 그런 걸까요?

이런 의미에서 '좁다'라고 하는 겁니다

반전 매력의 하느님

2018년 7월 8일
연중 14주일 삼종 훈화

사랑하는 형제자매 여러분, 오늘 복음 말씀은 나자렛으로 돌아오신 예수님께서 안식일에 회당에서 가르치시는 모습을 전합니다. 한데 그분은 고향을 떠나신 이후 이웃 동네와 도시에서 설교를 시작하셨기 때문에 오늘 이전까지는 고향에 발을 들이신 일이 없으셨죠. 그러다가 오늘 돌아오신 겁니다. 하여 온 나라 백성이 이 '사람의 아들'의 말씀을 들었습니다. 그 뒤에 현명한 스승이자 능력 있는 치유자로서 그분의 명성이 갈릴래아에서부터 멀리 퍼져 나가고 있었더랬죠.

하지만 성공이라고 부를 법한 것들이 이내 호들갑스런 거부와 거절로 바뀌었고, 예수님은 그 어떤 기적도 행하실 수 없는 지경에 이르렀죠. 이에 단지 몇 번의 치유만이 있었을 뿐입니다. 하여 마르코 복음사가는 이날의 역동적인 모습을 다음과 같이 세밀하게 재구성했습니다. 먼저 나자렛 사람들은 그분의 말씀을 듣습니다. 그리곤 놀라워하죠. 그런 다음 당혹해하며 서로 묻습니다. "저 사람이 어디서 저 모든 것을 얻었을까? 저런 지혜를 어디서 받았을까?"(마르 6,2) 그분의 성장 과정을 보아 왔던 그들은 그분이 목수이며 마리아의 아들이라는 점을 들어 못마땅해합니다. 그러자 예수님은 다음의 속담을 들어 이렇게 마무리하십니다. "예언자는 제 고향에서만은 존경받지 못한다."(마르 6,4)

이에 우리 이렇게 생각해 봅시다. 도대체 왜 예수님의 고향 사람들은 경이로워하다가 불신하게 된 걸까요? 네, 그들은 그분의 평범한 출신과 실제 능력을 비교한 겁니다. 곧, 그분은 목수이자 제대로 배우지도 않은 사람인데, 율법 학자나 서기관보다 설교를 잘하고 심지어 기적까지 행한다는 거죠. 그런데 여기에서 그들은 현실을 받아들이지 않고 못마땅해합니다. 다시 말해 나자렛 사람들은 하느님이 사람이 되어 말씀하신다는 것을 받아들이지 못했습니다. 왜냐하면 하느님이 그렇게 낮추어지시기에는 너무나 위대한 분이라고 생각했기 때문이죠. 강생에 대한 당혹스러움입니다. 하느님께서 사람이 되셨다는 이해하기 힘든 사건에 대한 반응이죠. 이는 하느님께서 인간의 마음으로 생각하시고, 사람의 손으로 활동하고 행동하시며, 사람의 마음으로 사랑하신다는 거니까요. 또 하느님께서 우리 가운데 하나로서 고군분투하시며 먹고 잔다는 걸 뜻하니까요.

이처럼 하느님의 아드님은 인간의 온갖 계획을 뒤집어 놓으십니다. 제자들이 주님의 발을 닦아 드린 것이 아니라, 주님이 제자들의 발을 씻어 주셨습니다. 그리고 이 점이 바로 주님에 대한 불신과 추문의 원인이 되었습니다. 단순히 당시에만 그런 것이 아니라 모든 시대, 아울러 오늘날까지 말입니다. 그리하여 예수님으로부터 야기된 이러한 반전과 전복은 과거와 현재의 당신 제자들로 하여금 개인적이고도 공동체적인 자기 신원(기존의 선입견과 다른 가능성도 있음을 인정하는 것이 곧 그분 제자의 징표)을 확인하게 만듭니다. 그런데 여전히 우리는 현실을 제대로 받아들이지 못하게 하는 선입견과 편견을 만들어 내고 있습니다.

하지만 주님은 우리에게 겸손한 경청과 온유한 기다림의 자세를 가지라고 말씀하십니다. 왜냐하면 하느님의 은총은 종종 납득하기 어려운 방식으로 드러나기도 하니까요. 우리의 기대와는 종종 일치하지 않을 수 있죠. 예를 들어 캘커타의 마더 데레사 수녀님을 생각해 봅시다. 그 누구도 자그마한 수녀님을 위해 10리라조차 주지 않았습니다. 하지만 그분은 죽어 가는 모든 이가 존엄한 죽음을 맞이할 수 있도록 길거리로 나서셨죠. 그리고 이 작은 수녀님은 기도와 활동으로 놀라운 일을 해내셨습니다. 한 여인의 미소微小함이 실로 교회의 애덕 실천에 혁명을 가져왔습니다. 그리고 이것이 우리 시대의 실례 가운데 하나죠. 하느님은 우리의 선입견이나 편견에 따라 응하지 않으십니다.

따라서 우리는 마음과 생각을 열도록 노력해야만 합니다. 우리를 만나기 위해 오시는 하느님의 실재를 받아들일 수 있도록 말입니다. 그리고 이것이 바로 '믿음을 갖는다'는 뜻입니다. 믿음의 부족은 하느님 은총의 장애물입니다. 그런데 세례받은 많은 사람이 정작 그리스도가 안 계신 것처럼 살아갑니다. 이들은 신앙 행위와 표지를 반복하기는 하지만, 예수님과 인격적으로 일치하지 않고, 그분 복음에 대해 실제로 헌신하지 않죠. 우리 각자를 포함한 모든 그리스도인은 이러한 근본적인 소속감을 보다 깊게 가지라고 부르심받았습니다. 늘 사랑과 애덕이 그 기준이 되는 일관된 삶의 방식으로 이를 증거하도록 애쓰며 말입니다.

하여 동정 마리아의 전구를 통하여 우리 주님께 간청합시다. 마음의 완고함과 정신의 편협함을 녹여 우리가 그분의 은총과 진리 그리고 그 누구도 제외되는 이 없이 모든 이를 향한 선과 자비의 사명에 열린 존재가 될 수 있도록 말입니다.

❖ 유치원에 다니는 아이가 늘 부모의 마음을 이해하고 알 수 있다면 어떨까요? 아마도 그 가능성은 둘 중 하나일 것입니다. 그 자녀가 알고 보니 유치원생 수준이 아니라 이미 어른이거나, 아니면 그 부모라는 사람들이 딱 유치원생 수준이거나!

그런데 하느님과 나와의 관계도 이렇지 않을까요? 내가 하느님이 아니라는 아주 상식적인 인정을 해 봅시다. 그렇다면 내 생각, 예상과는 빗나가는 응답이 올 때에 나는 어떠한 선택을 하게 될 것입니다. 하느님이 내 수준이 아니라고 계속 툴툴거리거나, 내가 하느님이 아님에 대해 오히려 안도하며 기뻐하거나…….

오늘처럼 하느님이 필요한 날은 없었다

지금 기뻐하지 않는 자, 모두 유죄!

2016년 12월 11일
대림 3주일 삼종 훈화

사랑하는 형제자매 여러분, 안녕하세요.

오늘 우리는 바오로 사도의 초대 말씀으로 대림 2주일의 의미를 되새겨 볼 수 있습니다. "주님 안에서 늘 기뻐하십시오. 거듭 말합니다. 기뻐하십시오. …… 주님께서 가까이 오셨습니다."(필리 4,4-5)

그런데 사도께서 우리에게 알려 주시는 이것은 표면적이고, 그저 감성적인 기쁨을 말하는 게 아닙니다. 아울러 세속적이고 소비적인 것도 아니죠. 여기서 말하는 기쁨이란 진정한 즐거움, 그러니까 그 맛을 재발견하라고 저희를 부르시는 그런 기쁨입니다. 그야말로 참된 즐거움의 맛이죠. 그래서 우리 존재의 내면을 건드리는 이 즐거움은, 약속된 메시아로서 이 세상의 구원을 위해 베들레헴에서 동정 마리아를 통해 태어나신 예수님께 집중함으로써 오는 기쁨입니다.

이사야 예언자는 광야와 메마른 땅 그리고 사막(초원)을 이야기합니다. 이어서 예언자는 맥 풀린 손과 꺾인 무릎, 불안한 마음을 이야기하고, 눈먼 이와 귀먹은 이, 말 못 하는 이에 대해서도 말합니다. 예언자의 이야기는 너무도 비참해 하느님의 존재를 느끼지도 못할 만큼 냉혹합니다. 하지만 마침내 구원은 선포되죠. 예언자는 이렇게 말합니다. "굳세어져라, 두려워하지 마라. 보라, 너희의 하느님을! 복수가 들이닥친다, 하느님의 보복이! 그분께서 오시어 너희를 구원하신다."(이사 35,4) 그리하여 모든 상황이 바뀌죠. 광야에는 꽃이 피고, 위로와 즐거움이 마음에 넘치는 겁니다.

이사야 예언자가 선포한 이러한 표징들은 예수님 안에서 실현된, 이미 현존하는 구원의 징표이기도 합니다. 예수님은 요한 세례자가 보낸 제자들에게 이렇게 대답하시며 선언하셨으니까요. "눈먼 이들이 보고, 다리 저는 이들이 제대로 걸으며, 나병 환자들이 깨끗해지고, 귀먹은 이들이 들으며, 죽은 이들이 되살아난다."(마태 11,5 참조) 이것은 단순히 말뿐이 아닙니다. 예수님께서 가져오신 구원을 드러내는 사건들이죠. 그것도 모든 인류를 다시 새롭게 하는 구원 말입니다.

하느님은 우리를 죄의 노예살이에서 자유롭게 하시기 위해 우리의 역사 안으로 들어오셨습니다. 그분은 우리 가운데 당신의 장막을 두셨습니다. 우리의 삶을 함께 나누며, 우리의 상처를 돌보시고, 우리의 아픔을 감싸 주시며, 우리에게 새 생명을 주시기 위해서 말입니다. 기쁨이란 바로 이러한 하느님의 사랑과 구원의 실현이 결실로 나타난 거죠.

따라서 우리는 이러한 커다란 환희에 집중하라고 부르심 받은 셈입니다. 환희의 기쁨에 말입니다. 그러므로 즐거워하지 않는 그리스도인은 그리스도인으로서 부족한 사람이거나 아니면 그리스도인이 아닌 것입니다! 왜냐하면 마음속의 기쁨과 내면으로부터의 즐거움은 우리에게 앞으로 나아갈 용기를 주기 때문입니다.

주님이 오십니다. 네, 그분은 우리의 삶 안으로 해방자로서 오십니다. 주님은 내외부적인 온갖 종살이에서 우리를 해방시키러 오십니다. 그분은 우리에게 신실함과 절제, 인내의 길을 알려 주시는 분이십니다. 왜냐하면 그분의 재림으로 우리는 기쁨으로 충만해질 것이기 때문입니다.

자, 성탄이 다가오고 있습니다. 그분의 가까이 오심에 대한 여러 상징이 가정과 거리에 눈에 띕니다. 이곳에도 성탄 나무 주위로 벌써 구유가 꾸며졌습니다. 이러한 외부적인 상징들은 주님을 어서 맞아들이라고 우리를 초대합니다. 언제나 먼저 찾아오시어 우리와 보다 가까이하시기 위해 우리의 문과 마음을 두드리시는 그 주님을 맞아들이라고 말입니다. 성탄을 맞아 행하는 외부적인 장식은 우리를 주변에서 만나는 형제자매들, 특히 보다 약하고 도움이 필요한 이들 속에 계신 주님의 모습을 알아차리도록 초대합니다. 오늘 우리는 우리 구세주의 곧 이루어질 오심에 대해 기뻐하라고 초대받았습니다. 더불어 가난하고 병들었으며 홀로 있으며 불행한 이들에게 위로와 희망을 선사함으로써 이러한 기쁨을 서로 나누라고 부르심받았습니다.

'주님의 여종'이신 동정 마리아께 우리가 기도 중에 하느님의 음성을 잘 알아들으며, 형제들 가운데에서 연민의 마음으로 봉사할 수 있도록 도와주시길 빕니다. 그리하여 예수님을 맞아들일 마음을 준비함으로써 온전히 성탄에 임할 수 있도록 도와주시길 청합니다.

❖ 똑같은 일을 하더라도 마지못해 하는 것과 즐겁게 하는 것은 다릅니다. 하물며 악에 바쳐 씩씩거리며 하는 일과 기쁨이 바탕이 된 활력을 가지고 하는 일은 매우 다를 것입니다. 하여 전 '독기를 품고 살아야 성공한다.'는 말이 그다지 맘에 들지 않습니다.

지금 기뻐하지 않는 자, 모두 유죄!

성령으로 불타오르는 이가 필요합니다

2016년 8월 14일
연중 20주일 삼종 훈화

　사랑하는 형제자매 여러분, 이번 복음은 예수님께서 십자가 죽음을 위해 예루살렘으로 올라가시던 긴 여정 중에 제자들을 가르치셨던 한 대목을 전해 줍니다. 여기에서 그분은 당신 사명의 목적에 대해 알려 주시죠. 그분은 다음과 같은 세 가지의 비유를 드십니다. 바로 '불'과 '세례' 그리고 '분열'입니다.

　오늘은 첫 번째 비유인 '불'에 관해 이야기를 나누고자 합니다. 예수님은 이렇게 표현하셨습니다. "나는 세상에 불을 지르러 왔다. 그 불이 이미 타올랐으면 얼마나 좋으랴?"(루카 12,49) 예수님께서 오늘 말씀하시는 불은 성령의 불로서, 세례 때 우리 안에 부어져 생생히 살아 활동하시는 그 불을 뜻합니다. 따라서 이 불은 정화와 새로 태어남의 창조적 힘을 일컫는 겁니다. 곧 인간의 온갖 허물과 이기심 그리고 죄를 태워 없애 우리를 내면으로부터 변화하게 하고, 우리에게 다시 사랑할 수 있는 능력을 돌려 주는 힘으로서(도구가 아닌 정체성으로서의 힘인 불) 말입니다.

따라서 예수님은 성령이 우리 마음속에서 불과 같이 타오르길 바라신 것입니다. 왜냐하면 오직 이와 같이 마음속으로부터 신적 사랑의 불이 타올라야만 그 사랑은 더욱 커질 수 있고, 하느님 나라 역시 확장할 수 있기 때문입니다. 다시 말해 머리가 아니라 마음에서 시작해야 합니다!

그러므로 만약 우리가 이러한 성령의 불타오름에 온전히 우리를 내어놓는다면, 그분은 우리가 모든 이에게 예수님을 선포할 열정과 대담함을 주실 것입니다. 우리를 위로하시는 분의 자비와 구원의 메시지를 선포하는 데 거침없게 해 주시는 거죠. 저 대양大洋을 향해 두려움 없이 나갈 수 있게 하심으로써 말입니다.

다시 말씀드리지만 이 불은 마음속에서 타오르는 겁니다. 교회가 세상 속에서 그 사명을 수행할 때, 우리 모두를 포함한 교회는 늘 성령의 도우심이 필요하죠. 이러저러한 걱정과 계산으로 그 사명을 중도에 포기하지 않도록, 우리가 안전하고 쉬운 길만 찾지 않도록 말입니다. 걱정과 계산만 하는 행동 방식은 결코 위험을 감수할 생각이 없는 그저 기능적인 교회가 되게 합니다. 하지만 이와는 반대로 성령께서 우리 안에 마치 불과 같이 일으키신 사도적 담대함은 우리가 온갖 장애물과 장벽을 넘을 수 있도록 도와줍니다. 더불어 우리가 보다 창의적이 되도록, 우리가 미지의 영역이나 쉽지 않은 것에도 기꺼이 도전할 수 있도록 우리를 북돋아 주죠. 우리가 만나는 사람들에게 희망을 주면서 말입니다.

우리는 이러한 성령의 불을 통해 보다 인도받고 변화된 이들의 공동체가 되라고 부르심을 받았습니다. 인정이 가득하고 넓은 마음과 기쁨이 가득한 공동체가 되라고요. 바로 오늘날 사도들의 깨어 있는 시선을 지닌 사제, 수도자, 평신도가 얼마나 많이 필요한지 모릅니다! 물질적·영적 빈곤과 어려움을 겪는 이들에게 다가가 함께할 수 있도록 말입니다. 그리고 이와 같이 친근함과 가까이 다가감의 회복을 통해 복음화와 교회 사명의 여정은 그 특징이 지어질 것입니다. 참으로 성령의 불은 우리가 타인에게 참이웃이 되게 합니다.

온갖 고생을 하는 이들과 도움이 필요한 이들, 많은 고통과 문제를 안고 있는 이들, 그리고 이주민들과 난민들 그 밖에 많은 어려움을 겪는 이들에게 바로 '내'가 '이웃'이 되도록 하십니다. 마음에서부터 타오르는 저 불을 통해서 말입니다.

저는 지금 이 순간 무엇보다 존경하는 마음을 담아, 이 세상 곳곳에서 복음을 전하기 위해 커다란 사랑과 신앙으로 삶을 봉헌하고 계시는 수많은 사제, 수도자, 평신도를 생각합니다. 심지어 자신의 생명마저 내어놓으시는 분들 말입니다. 그분들의 모범적인 증거는 우리로 하여금 교회에 필요한 건 관료나 그저 열심한 관리인이 아님을 기억하게 합니다. 교회에 필요한 건 열정적인 선교사, 곧 모든 이에게 예수님의 위로의 말씀과 은총을 전하겠노라는 열의에 사로잡힌 이들이죠. 그리고 바로 이것이 성령의 불입니다!

교회가 이러한 불을 받지 못했거나 그 안에 이것을 받아들이지 않는다면, 교회는 차가워지거나 미지근한 교회가 되고 말겠죠. 생명을 전해 주는 그 능력을 잃고요. 차갑고 미지근한 그리스도인에게서 나올 건 그것뿐이니까요.

우리 5분만 시간을 내어 다음의 것들을 스스로 되짚어 봅시다. "내 마음 상태는 지금 어떻지?", "차거나 미지근한가?", "저 불꽃을 받아들일 준비가 되어 있나?" 이러한 질문에 답하기 위해 5분만 시간을 가져 봅시다. 분명 우리 모두에게 유익한 시간이 될 것입니다.

자, 그럼 동정 마리아께 우리를 위해, 우리와 함께 하늘에 계신 아버지께 빌어 주시기를 청하도록 합시다. 모든 신앙인을 위해 주님께서 성령을 부어 주시고, 우리의 마음을 다시 뜨겁게 하시어 우리가 기쁜 마음으로 우리 형제들의 어려움을 함께할 수 있도록 하느님의 불을 부어 주십사고 말입니다. 주님은 이미 우리에게 막시밀리아노 콜베 성인의 모범을 보여 주셨습니다. 사랑의 순교자로서 오늘 그 축일을 맞이하시는 분 말입니다. 성인은 우리에게 하느님과 이웃에 대한 사랑의 불꽃으로 사는 법을 알려 주십니다.

오늘처럼 하느님이 필요한 날은 없었다

왜 주셨을까?
어떻게 쓰고 있는데?

2017년 11월 19일
연중 33주일 삼종 훈화

사랑하는 형제자매 여러분, 오늘 복음은 우리에게 '탈렌트의 비유'를 전해 줍니다. 어느 날 한 사람이 집을 나서기 전에 자신의 종들에게 탈렌트를 맡겼습니다. 한데 당시에 이 탈렌트는 꽤 가치가 있는 동전이었죠. 그래서 그는 종들의 능력에 따라 한 종에게는 다섯 탈렌트, 다른 종들에게는 각각 두 탈렌트와 한 탈렌트씩을 주었죠. 그런데 다섯 탈렌트를 받은 종은 진취적이고 모험적이었나 봅니다. 그는 자신이 받은 탈렌트로 다섯 탈렌트를 더 벌어들였습니다. 그리고 두 탈렌트를 받은 종도 같은 방식으로 두 탈렌트를 더 벌어들였습니다. 하지만 이와는 다르게 한 탈렌트를 받은 종은 주인에게서 받은 그 돈을 땅을 파서 숨겨 두었습니다. 그리고 이 종은 주인이 돌아오자, 자신이 왜 그렇게 했는지를 이렇게 설명합니다. "주인님, 저는 주인님께서 모진 분이시어서, 심지 않은 데에서 거두시고 뿌리지 않은 데에서 모으신다는 것을 알고 있었습니다. 그래서 두려운 나머지 물러가서 주인님의 탈렌트를 땅에 숨겨 두었습니다."(마태 25,24-25)

이 종은 자신의 주인에게 신뢰가 없었습니다. 오히려 두려움을 가지고 있었죠. 그리고 바로 그 점이 그의 도전을 막은 거죠. 두려움은 늘 옴짝달싹 못하게 만들고, 잘못된 선택을 하게 만드니까요. 두려움은 도전과 모험에 대해 낙담하게 만들고, 보다 쉽고 만만한 해결책으로 도망가게 만듭니다. 그리고 이런 식으로는 아무런 좋은 일도 하지 못하게 됩니다. 따라서 삶의 여정 속에서 무언가를 만들어 내고 전진하기 위해서는 두려움이나 걱정이 아니라 신뢰와 믿음을 갖는 것이 필요합니다.

오늘 비유 말씀은 우리가 참다운 하느님상을 가지는 것이 얼마나 중요한지를 알려 줍니다. 우리는 그분을 벌주려는 모질고 깐깐한 주인이라고 생각해서는 안 되죠. 만약 우리 안에 이러한 잘못된 하느님상이 있다면 우리의 삶은 풍성해지지 못할 것입니다. 왜냐하면 만일 그렇다면 우리는 두려움 속에 살 것이고, 그 두려움은 우리에게 그 어떤 건설적인 것도 가져다줄 수 없기 때문입니다. 두려움은 우리를 꼼짝 못하게 만들고 자멸하게 만들 뿐이니까요. 우리가 가지고 있는 하느님의 모습이 무엇인지 살피고 알아볼 수 있도록 그분은 다시 생각해 보라고 우리를 부르십니다.

그분은 구약 성경에서 당신을 이렇게 계시해 주셨습니다. "주님은 자비하고 너그러운 하느님이다. 분노에 더디고 자애와 진실이 충만하다."(탈출 34,6 참조) 아울러 예수님께서도 늘 우리에게 하느님은 엄격하고 모진 주인이 아님을 알려 주셨습니다. 하느님은 사랑과 자애가 충만하신 아버지니까요. 선하기 그지없는 아빠 말입니다. 그러므로 우리는 그분께 신뢰와 믿음을 가질 수 있으며, 가져야만 합니다. 그리고 보면 예수님은 우리에게 아버지의 관대함과 배려를 여러 방식으로 드러내 보여 주셨습니다. 당신의 말씀과 행적으로, 모든 이를 향한 받아들임과 무엇보다도 죄인과 작은 이들 그리고 가난한 이들에 대한 환대로 말입니다. 아울러 우리의 삶을 헛

되이 낭비하지 않도록 하기 위해 당신의 주된 관심을 알려 주시는 그분의 경고 또한 하느님의 참모습을 알려 줍니다. 그리고 이러한 사실은 하느님께서 우리를 얼마나 존중하고 계시는지에 대한 표지이기도 합니다. 이러한 인식은 우리의 행동 속에서 우리가 책임 있는 사람이 되도록 도와줄 것입니다. 따라서 탈렌트의 비유는 우리에게 개인적인 책임감과 계속해서 새로운 길을 찾아 나가는 능력이기도 한 충실함을 상기합니다. '숨겨 놓는 탈렌트' 없이 말이죠. 다시 말해, 하느님께서 우리에게 맡겨 주신 선물로서 곧 우리 능력에 대해 그분은 분명 우리에게 그것들이 어떻게 되었는지 청구하실 것입니다.

거룩하신 동정녀께 기도를 청합시다. 하느님의 원의에 맞게 우리가 그분께 받은 탈렌트에 따른 능력을 충실하게 키워 나갈 수 있도록, 그리하여 우리가 다른 이들에게 도움이 되고 주님께서 당신의 기쁨을 함께하도록 우리를 초대하신 마지막 날 주님께 인정받을 수 있도록 말입니다.

❖ 샘물은 퍼낼수록 맑은 물이 샘솟습니다. 운동선수도 자신의 능력을 계속해서 활용할 때 더욱 능력이 향상되는 법입니다. 그러므로 여

기에서 현상 유지는 없습니다. 발전하거나 사용하지 않으면 퇴보할 뿐입니다.

그런데 우리가 받은 모든 은총과 탈렌트도 마찬가지입니다. 겸손을 가장한 태만으로 이미 받은 것마저 없애는 실수는 하지 않았으면 좋겠습니다. 왜 다들, 어르신들에게 이런 말씀 한 번쯤은 들어 보시지 않았나요?

"아껴서 뭐 한다니, 다 똥 되는데!"

왜 주셨을까? 어떻게 쓰고 있는데?